I0314796

www.ingramcontent.com/pod-product-compliance
Lightning Source LLC
Chambersburg PA
CBHW032058230426
43662CB00035B/601
9781777886073

------------------------------انتشارات آسمانا------------------------------

حافظ و باژگویی (آیرونی)

حد جنون جهان کجاست؟

رضا فرخ‌فال

نشر آسمانا، تورنتو، کانادا

۱۴۰۲/۲۰۲۴

حافظ و بازگویی (آیرونی): حد جنون جهان کجاست؟

نویسنده: رضا فرخ‌فال

ناشر: آسمانا، تورنتو، کانادا

طرح روی جلد: کیوان مهجور، با نقشی برگرفته از کاشی‌ای قدیمی

صفحه‌آرا: ایلیا اشرف

نوبت چاپ: اول، ۱۴۰۲/۲۰۲۴

شماره آی‌اس‌بی‌ان: ۹۷۸۱۷۷۷۸۸۶۰۷۳

حق چاپ برای ناشر محفوظ است.

حافظ و باژگویی (آیرونی)

حد جنون جهان کجاست؟

رضا فرخ‌فال

فهرست

درآمد...۱۱

تحریرِ محال...................................۲۱

خطا بر قلم صنع............................۶۱

حرفی از هزاران............................۱۰۱

تابوتی از چوب سرو.......................۱۴۱

سخنی در پایان.............................۲۰۷

گزیده منابع..................................۲۱۵

پیوست‌ها.....................................۲۲۳

" شعر حافظ را چگونه باید شرح داد؟"

ـ رضا براهنی

نوشتن نثر کار دشواری است، دشوارتر از شعر، به ویژه اگر نثری باشد خود درباره شعر. این را حافظ‌نویسان ما هرگز ندانستند، که اگر می‌دانستند هرگز نمی‌نوشتند."

ـ یدالله رویایی

ای بسا معنی که از نامحرمی‌های زبان

با همه شوخی مقیم پرده‌های راز ماند

ـ بیدل دهلوی

درآمد

درآمد

حافظ می‌گوید:

گفتگوهاست در این راه که جان بگدازد

هرکسی عربده‌ای این که مبین آن که مپرس

این چه گفتگوهایی است که جان را می‌گدازد؟ این گفتگوها بر سر چه بوده است؟ و چرا شاعر از آن منع شده؟ در فضایی از عربده که این را "مبین" و آن را "مپرس" شاعر به کدام راه می‌رفته است؟...چه راهی را در پیش گرفته بوده است؟

هر گفتگویی، حتا گفتگویی با خود، پاسخی به پرسشی است. حتا هر جمله‌ی ناپرسشی در شعر حافظ پاسخ به پرسشی است در جمله‌ای از پیش محذوف، جمله‌ای نانوشته ــ گزاره‌ای خاموش، اگر بتوان آن را گزاره نامید، که در شعرش بر زبان نیامده است... این پرسش‌ها و

حافظ و بازگویی (آیرونی): حد جنون جهان کجاست؟

پاسخ‌ها را حافظ چگونه و با چه زبانی با ما در میان می‌گذارد؟ با چه زبانی این گفتگوی بی‌پایان را به "تحریر" درآورده است؟ تحریر هم به معنای نوشتن هم به معنای آزاد ساختن...

بحث اینجا بر سر چگونگی این "گفتن" است؛ گفتن در فضایی از عربده... این فضای عربده را بخوانیم فضایی پر شده از گفتمان‌های بازدارنده از اندیشیدن و سازوکارهای مادی سرکوب که سخن گفتن، "می دلیر" نوشیدن و پرسیدن را برنمی‌تابیده است. چنین فضایی سخن را "به لفظ اندک" و به معنا "بسیار" اقتضا می‌کرده و این نمی‌توانسته صورت گیرد مگر آنکه سخن "سربسته" باشد:

سخن سربسته گفتی با حریفان

خدا را زین معما پرده بردار

سربستگی به چه معنا؟ این چگونه سربستگی‌ست که در روزگار شاعر "...بزم پادشاهان بی نقل سخن‌های ذوق‌آمیزش زیب و زیور نداشتی، بلکه ها و هوی مستان را بی‌ولوله، شوق نبودی و سرود رود می‌پرستان بی‌غلغله شعر او رونق نیافتی." (از مقدمه گلندام هم عصر حافظ بر دیوان) و پس از مرگ او نیز این سخن را هم "ارباب باطن" می‌خواندند و هم "اصحاب ظاهر" و هم مردم عادی در کوچه و بازار، چنانکه امروز نیز آن را می‌خوانند؟ آیا این سربستگی نوعی تعقید در سخن است، بدین

معنا که شاعر به عمد در لفظ گره‌ای انداخته است؟ و آیا می‌توان این سربستگی را فقط در قالب ایهام و کنایات، مجازات و استعارات شرح داد؟ مشکل اما این است که در سخن حافظانه این سربستگی در عین گشودگی است؛ آشکارگی در عین پوشیدگی یا پوشیدگی در عین آشکارگی است... این آن رازی است که شاملو در حافظ یافته بود: "حافظ راز عجیبی است." اما این رازی است که راز نیست؛ همگان آن را فهم می‌کنند، اما آن را فهم نمی‌کنند. پیچیده است اما ساده می‌نماید؛ می‌گوید، اما نمی‌گوید...از این شیوه سخن چه تعریفی می‌توان به دست داد؟ و همچون یک شیوه، در چه مقوله‌ای بلاغی جای می‌گیرد و چه نامی می‌توان بر آن گذاشت؟

نخست باید گفت که ما در اینجا با سخنی شعری، و نه سخنی منظوم سروکار داریم. سازوکار بیانی شعر حافظ را هم، پس، در شعریت متن اوست که می‌جوییم و نه در جایی دیگر. به تعبیر خود شاعر ما با "طرز سخن" یا "طرز غزل"ی یگانه و تقلیدناپذیری در دیوان حافظ سروکار داریم. از این دیدگاه، حافظ شاعر است و بس. نه عارف نه فیلسوف یا حکیمی بدبین و نه صوفی‌ای بریده از خانقاه. اما حافظ شاعری است که مفاهیم صوفیانه، کلامی یا فلسفی را، همچنانکه انگاره‌های محسوس را، در شعر و برای بیان مقصود خود به کار می‌گیرد. این مفاهیم از مفردات شعر او هستند. حافظ چنانکه خود اشاره کرده، سخنش "درهم سرشته"ای است از "روان" با "خرد" (روان را با خرد درهم سرشتم). این سرشتگی روان (حس) با خرد عصری شاعر آن سوژگی یا ذهنیتی را شکل داده است که با شعر و در شعر می‌اندیشد.

به غزلیات حافظ پرداختن من حیث شعر، شعریت غزل‌هایش، ما را ملزم می‌سازد که از صورت و محتوای سخن حافظ از درون همین شعریت و نه با ارجاع به بیرون از آن از جمله احوالات عصری و زندگینامه‌ای شاعر یا وارادات عارفانه و صوفیانه در شعرش تعریفی به دست دهیم، بلکه می‌کوشیم به دریافتی از "معنا" در طرز بیان ویژه و خود این متن شعری نزدیک شویم. این هم هست که تلاش برای رسیدن به تعریفی قطعی از چیزی قطعیت‌ناپذیر هچون معنا در شعر حافظ در قالب مفاهیم تلاش عبثی است. اما این هم هست که با هر تلاشی در این زمینه چهره‌ی حافظ در شعرش برای ما آشکارتر می‌شود.

حافظ یک مشکل است. آیا این از آن روست که سخن او سخنی است آغشته به ایهام؟ این ایهام چگونه ایهامی‌است؟ در هر سخن شعری به درجاتی می‌توان ایهام یا ابهام یافت. در شعر حافظ چیزی در پرده ایهام فرو نرفته، سخنی دوپهلو به معنای معمول نیست. در این سخن شاعرانه چیزی پنهان نشده است. همه چیز در حال آشکارگی است، اما در عین پوشیدگی؛ مجموعیتی است در عین پراکندگی، عرصه‌ی گفته‌ها و ناگفته‌ها. در خوانش آن در هر لحظه با این پرسش روبروییم که آیا آنچه گفته شده همه آن چیزی است که می‌گوید؟... پرسشی که مشکل بتوان فقط با یک "آری" یا "نه" بدان پاسخ گفت. در بیشتر لحظات شعرش حافظ چیزی را می‌گوید که همان نیست که می‌گوید. این نه همان‌گویی گاه تا نفی مطلق آنچه می‌گوید پیش می‌رود و تناقضی را بازمی‌نماید. چنین است که شعرش هم در لفظ و هم در معنا عرصه‌ی تناقض‌هاست.

درآمد

در این مقال به این تناقض در بیان شعری حافظ بازگویی (دربرابر آیرونی irony) نام می‌نهیم.

برای مفهوم آیرونی تاکنون برابرنهاد دقیقی در فارسی نداشته‌ایم. آیرونی در اصطلاح شگرد، صناعت یا آرایه‌ای در سخن است: گفتن چیزی و منظور داشتن چیزی دیگر... اما در اینجا قصد فقط برشمردن نمونه‌هایی از این شگرد یا آرایه در شعر حافظ نیست. کارهایی در اصطلاح‌شناسی آیرونی و از جمله درباره کاربست آیرونی همچون آرایه ادبی در حافظ و چند تن دیگر از سخنوران ادب کانونی فارسی به تازگی انجام گرفته است. اما در آنچه می‌خوانید سعی نویسنده بر آن نبوده که نمونه‌هایی از بازگویی را فقط در حد یک آرایه ادبی در دیوان حافظ بیابد و شرحی بر آن بنویسد. در اینجا بازگویی همچون یک "چهارچوب مفهومی" در پرداختن به شعر حافظ به کار گرفته شده است. به سخن دیگر، در آنچه می‌خوانید کوشش بر آن است که مشکل حافظ نه در سطح لفظ، بلکه در بازگویی گفتمان شاعرانه او طرح و تشریح شود. از این رویکرد، بازگویی به معنایی گسترده‌تر از یک آرایه ادبی، گونه‌ای رفتار با زبان است؛ نگرشی به جهان یا بیانی از یک وضعیت هستی‌شناختی است و چنانکه گفته‌اند، بازگویی (آیرونی) نه فقط صناعتی در کلام (ادبیات) که نیز صناعتی در فکر (فلسفه) است. با بازگویی سوژه سخنگو از درون زبان، اما وانمود می‌کند که از بیرون زبان و نامحرمی‌های آن (تناقض ذاتی آن) سخن می‌گوید. ازینروست که بیان آیرونیک در بنیاد خود بیانی از تناقض است؛ سخنی است ناهمساز با خود؛ طعنه‌زن و شوخ است و هم در آن حال که می‌تواند تلخ و سوگمند (تراژیک) باشد.

از باژگویی به صـرف ملازمات بلاغی و ادبی آن و فارغ از ملازمات نظری (فلسفی) این مفهوم نمی‌توان سخن گفت. اما به لحاظ روش نکته‌ای را در اینجا باید متذکر شد؛ اینکه، در پرداختن به شعر حافظ در چهارچوب مفهومی باژگویی (آیرونی) غرض آن نبوده که در شعر حافظ یا با شعر حافظ به اصطلاح فلسفیدن بشود. از رویکرد فلسفی با شعر حافظ پرداخته شده است و همچنان هم جا دارد که پرداخته شود. کاری که پیش رو دارید به شعر حافظ همچون متنی ادبی (شعر) می‌پردازد و از ملازمات نظری آیرونی یا باژگویی تا آنجا سود گرفته که برای دریافتی از شعریت شعر حافظ به کار می‌آمده است.

نوشته پیش‌رو در چهار بخش فراهم آمده است. در نخستین بخش کوشیده‌ام به تعریفی از مفهوم باژگویی (آیرونی) نزدیک شوم. تعریفی جامع و مانع از باژگویی (آیرونی) به دست دادن کار آسانی نیست، چنانکه گفته‌اند، به تعریف در آوردن باژگویی (آیرونی) همچون به چنگ آوردن مشتی از مه است! در این بخش ضمن برشمردن وجوه و ملازمات کلامی و نظری باژگویی و فرق آن با صناعات کلامی دیگر از پیشینه‌ی تاریخی آن در ادب و فلسفه غرب و نیز در فرادهش بلاغی در ادب فارسی سخن رفته است. در بخش دوم باژگویی و گونه‌های متفاوت در شکل‌های ساده و پیچیده آن در شعر حافظ بررسی شده و تفاوت آن با دیگر صناعات سخن همچون استعاره و مجاز و کنایه و ایهام شرح داده شده است و نیز آنچه به شیوه‌ی "رندانه" سخن حافظ اصطلاح کرده‌اند. در بخش سوم باژگویی همچون وجه غالب تغزل حافظانه به صورت گفتمانی در شاعرانگی طرح گردیده و سعی شده خطوطی از این گفتمان

ترسیم گردد. بخش چهارم در مقطعی خردتر به گفتمان شعری حافظ در قالب انگاره پردازی (تصویر پردازی)های شعر او می‌پردازد و آن را در تاریخیت شعر حافظ همچون بینامتنیت آن بازمی‌خواند.

خوانش شعری همچون شعر حافظ در چهارچوب مفهومی یادشده خالی از خطر نبوده است. با این چهارچوب مفهومی ما با شعر حافظ همچون عرصه‌ای از تناقض‌ها و ناهمسازی‌ها روبرو می‌شویم. در نگاه اول اگر این کار آسان به نظر می‌آید، اما در باز نگریستن‌ها به وجوه مسئله و ژرفش در آن مشکل‌ها رخ می‌نمایند. این مشکل‌ها از چند سوی ما را احاطه می‌کنند: نخست اینکه، به تعبیری، زبان من حیث زبان خود بازتابی از جهان و اندیشیدن درباره جهان است. پس از آیرونی یا بازگویی مگر به زبانی بازگویانه (آیرونیک) چگونه می‌توان سخن گفت؟ دیگر آنکه، در فرادهش (سنت) فلسفی و نیز فرادهش بلاغی و ادبی گذشتگان ما از مفهوم بازگویی رد و نشانی نیست؛ و از سوی دیگر، در خود فرادهش فلسفی و ادبی غرب از یونان باستان تا مدرن و پسامدرن نیز مشکل بتوان دریافتی همسان و سرراست از مفهوم پیچیده و تعریف‌ناپذیر آیرونی را یافت. با نگاهی به این فرادهش دوم است که می‌توان گفت حتا خود مفهوم آیرونی (بازگویی) مفهومی‌آیرونیک یا بازگویانه است و این یک همانگویی نیست.

بهتر است در اینجا و در آغاز سخن، و پیش از هر توضیحی دیگر، مفهوم بازگویی یا آیرونی را با یاری گرفتن از تعبیری از شمس تبریز چنین تعریف کنیم که این گونه سخن، سخن بازگویانه، روی به دو سوی

دارد، از یک سو رو به هرخواننده‌ای که آن را می‌خواند؛ و از سویی دیگر؛ رو به آنکه مقصود و منظور است:

ورقی فرض کن [**متنی را فرض کن که**] **یک روی در تو یک روی در یار، *یا در هر که هست*، آن روی که سوی تو بود خواندی، آن روی که سوی یارست هم بباید خواندن...**

(تاکید از نگارنده است.)

پس می‌توان گفت که باژگویی سخنی است که دو روی دارد. این دو رویگی سخن که به تعریفی از مجاز به مفهوم کلی نزدیک می‌شود، (مجاز دربرابر trope در اصل لغت به معنی روی برگرفتن)، اما از مجاز در لفظ فراتر می‌رود و این همان ویژگی سخن حافظ است: روی برگرفتن از یک معنا و روی گشودن در معنا یا معناهای دیگر؛ گفتن چیزی و مراد کردن چیزی به کلی دیگر...این سازوکار باژگویی (آیرونی) همچون فضایی بیشترین لحظات شعر حافظ در آن معنای خود را آشکار و در همان حال پوشیده می‌دارند.

حافظ یک "راز" است، اما دیوان او *گلشن راز* نیست. در *گلشن راز* شبستری نیز کلمات از معنای واقعی (وضع اول) به معنایی مجازی عبور می‌کنند تا اصطلاحی را شکل دهند یا مفهومی را به تعریف درآورند. دیوان حافظ چیزی را در زمینه‌ی تصوف یا عرفان به ما نمی‌آموزاند. *گلشن راز* را خواندن فقط یکبار کافی است. تفسیرهای متعدد کتبی و شفاهی که از آن شده و می‌شود در واقع خود را تکرار می‌کنند. در برابر، سخن حافظ چیزی را تعریف نمی‌کند و نکته‌ای را

نمی‌آموزاند. سخن حافظ را در تراکیب فرحبخشش بارها و بارها می‌خوانیم (و پیش از ما دیگران آن را خوانده‌اند) و در هر بار خوانده شدن حلاوتش از سر گرفته می‌شود. هر حدیثی از آن نیز حلاوتی دیگر دارد.

در پرداختن به مفهوم بازگویی در شعر حافظ نمی‌توان به این مفهوم جدا از بافتگان (کانتکست) تاریخی شعر نگریست. در کار پیش رو همچنین سعی شده به اجمال برای این پرسش پاسخی بیابیم که چه ضرورت‌های اجتماعی و تاریخی این وجه از سخن را در شعر حافظ پدید آورده است؟

و در آخر پرسشی می‌ماند که این نوشته می‌کوشد پاسخی برای آن پیدا کند؛ اینکه آیا سربستگی سخن حافظ در قالب بازگویی با اِشعار شاعر بر آن صورت گرفته است؟ یا اینکه، شعر او گاه معناهایی را آزاد می‌کند که از اختیار خود شاعر نیز بیرون بوده است؟...

در آنجاها که زبان در شعر (به تعبیر هایدگر) نه از جانب شاعر که از خود سخن می‌گوید...

لاوال، زمستان ۲۰۲۴

۱

تحریر محال

مدعی گو لغز و نکته به حافظ مفروش

کِلک ما نیز زبانی و بیانی دارد

شعر حافظ یک "مشکل" است. کسانی نیز آن را "بغرنج" شعر حافظ خوانده‌اند. شعر حافظ تغزلی ساده نیست. این مشکل یا بغرنج را در قالب یک پرسش می‌توان چنین طرح کرد که در تفسیر و تاویل سخن حافظ تا کجا می‌توان با اطمینان و یقین نخست معنای آن را فهم کرد، آنگاه به زبان مفاهیم آن را بازگفت و گوهره‌ی شعری آن را به عبارت کشید؟ حافظ خود در شعرش در کنار انگاره‌پردازی[1] imageryها به صورت تشبیهات، استعارات، کنایات و مجازات از ساده گرفته تا پیچیده، کار دیگرش بازی با مفاهیم است.

[1] انگاره‌پردازی در برابر imagery و انگاره در برابر image.این برابرنهاده با نگاهی ریشه‌شناختی به ایماژ و انگاره از پیشنهادهای محمد مغدم (مقدم) بوده است سال‌ها پیش. به دلایلی از جمله زایا نبودن واژه و صورت جمع "صور خیال" در برابر imagery که مفرد است، از به کار بردن آن در این نوشته اجتناب شده است!

حافظ و باژگویی (آیرونی): حد جنون جهان کجاست؟

مشکل شعر حافظ، چنانکه گفته‌اند، دوپهلویی یا ایهام زبان آن است. این دو پهلویی از آنجاست که به گفته داریوش آشوری ما "در شعر حافظ با لایه‌ی معنایی نهفته‌ای سروکار داریم که آگاهانه و رندانه در آن نهاده شده است." و هم به گفته او مسئله این است که "به این لایه‌ی معنایی زیرین که مایه‌ی فراوانی ایهام در شعر اوست، چگونه می‌توان راه برد که تناقض‌هایی را که در گفتمان او به چشم می‌خورد و مایه‌ی سرگشتگی در فهم غایی شعر اوست، حل کند؟"[۲] در پاسخ به این پرسش و در همین ابتدا پرسش دیگری را طرح می‌کنیم که آیا این تناقض‌ها در شعر حافظ اصولا حل شدنی هستند؟ و با حل شدن این تناقض‌ها از شعر حافظ چه می‌ماند؟

درباره زبان شعری حافظ تعابیری گوناگون شده است، تعابیری اغلب توصیفی همچون خیال‌انگیز، لسان‌الغیب، گویای اسرار، اثیری، جادویی و نیز "درهم و پریشان."[۳] این تعابیر در حل مشکل زبان حافظ چندان ما را یاری نمی‌توانند رساند، چرا که نخست خود این تعابیر را باید تعریف کرد که مثلا جادو چیست و غیب کجاست و فرق خیال‌انگیزی غزلیات حافظ با خیال‌انگیری مثلا غزلیات سعدی در چیست؟ گذشته از تعابیر یادشده بیان شعری حافظ را در حافظ‌شناسی‌های معاصر به بیانی "رندانه" تعبیر کرده‌اند که نزدیکترین تعبیر به مفهوم باژگویی یا آیرونی است که ما در اینجا قصد پرداختن بدان را داریم. اما آیا طرز سخن

---

[۲] داریوش آشوری، *عرفان و رندی در شعر حافظ*، چ.سوم (تهران، نشر مرکز، ۱۳۸۱) ۱۳

[۳] تعبیری از احمد کسروی

تحریر محال

حافظ در شعرهایش "رندانه" است؟ رندانه برگرفته از "رندی" به چه معناست؟ می‌دانیم که واژه‌های "رند" و "رندی" بارها در غزل‌های حافظ به کار رفته است:

نفاق و زَرق نبخشد صفای دل حافظ
طریق رندی و عشق اختیار خواهم کرده

حافظا می خور و رندی کن و خوش باش ولی
دام تزویر مکن چون دگران قرآن را

یا در این بیت که فقط در یکی دو نسخه از غزلیات حافظ ثبت شده است:

شیوه‌ی رندی نه لایق بود طبعم را، ولی
چون در افتادم، چرا اندیشه‌ی دیگر کنم

اگرچه حافظ در یکی دوجا از سخن خود با صفت رندانه یاد می‌کند (پیشتر بدان خواهیم پرداخت)، اما مسئله این است که رندی به مفهوم نوعی رفتار اجتماعی یا منش فردی یکی از مضامین شعری حافظ است و نمی‌تواند بیانگر شیوه سخن او و به معنای دقیق صناعی کلمه باشد. ما در اینجا، باژگویی (آیرونی) را، چنانکه در مقدمه اشاره رفت، در نامش "طرز سخن" حافظ به کار می‌بریم- بیان شعری خاص او- یا برای "طرز غزل" حافظانه:

آن که در طرز غزل نکته به حافظ آموخت
یار شیرین‌سخن نادره‌گفتار من است

باژگویی چیست و با مشتقاتی که از آن می‌توان به کارگرفت همچون "باژگویانه"، "باژگفت"، چه تفاونی با تعابیر یادشده در توصیف بیان شعری حافظ دارد؟ باژگویی اگرچه نه با فقط یک تعریف، اما اصطلاحی پربسامد در مباحث نظری و ادبی است. تعریف آیرونی هچون مفهوم "رندی" آن هم در شعر حافظ آسان نیست؛ چرا که، از سویی با پیچیدگی خود مفهوم آیرونی و از سوی دیگر با تنوع تعاریف و مصادیق آن در متون نظری و بلاغی از یونان باستان تا زمان کنونی روبروییم. آنچه بر این مشکل می‌افزاید این است که این مفهوم نه در فرادهش (سنت) فلسفی ایرانی پیشینه دارد و نه در سنت بلاغی و ادبی ما. در پاسخ به

پرسش آیرونی چیست دو تعریف کوتاه شده را از فرهنگنامه‌های معاصر واژگان ادبی به زبان فارسی در اینجا می‌آوریم: "آیرونی به معنای عام صناعتی است که نویسنده یا شاعر به واسطه‌ی آن معنایی مغایر با بیان ظاهری در نظر دارد."[٤] و در تعریفی دیگر "آیرونی بیانی ادبی است که در لحن آن نوعی دوگانگی وجود دارد چنانکه آنچه گفته شده یا دیده می‌شود از جنبه‌ای دیگر نامعقول یا نامفهوم است یا کاملا متضاد و خلاف انتظار."[٥] برای شرح بیشتر اصطلاح آیرونی و نیز درباره انواع آن خواننده می‌تواند به همین دو منبع یادشده و نیز به فرهنگنامه‌های ادبی به زبان‌های دیگر رجوع کند.

حال اگر از تعاریف فرهنگنامه‌ای یا قاموسی بگذریم، با این پرسش پل دمان روبرو می‌شویم که آیا آیرونی اصلا یک مفهوم است؟[٦] از مفهومی که مفهوم نیست یا در مفهوم بودن آن جای شک هست، چگونه می‌توان تعریفی به دست داد؟ آن هم تعریفی که با عقل جور در آید؟ آیرونی به لحاظ کارکرد، نفی "عقل سلیم" common sense و من حیث یک نگرش شک و تردید در ماهیت چیزهاست (رورتی).[٧] دمان که بازگویی

[٤] سیما داد، *فرهنگ اصطلاحات ادبی* (تهران، انتشارات مروارید، ١٣٨٥)

[٥] حسن انوشه (ویر.) *فرهنگنامه ادبی فارسی* (تهران، نتشارات فرهنگ و ارشاد اسلامی، ١٣٨١)

[6] Paul de Man: “The Concept of Irony” in *Aesthetic Ideology* (Minnesota University Press, 1996) 163-184

[7] Richard Rorty, *Contingency, irony, and solidarity* (Cambridge press, 1989) 74

(آیرونی) به مفهوم کلاسیک را از رویکردی ساختارگشایانه بازتعریف می‌کند، خود در پاسخ پرسش خود می‌گوید که بازگویی یا آیرونی در سخن اما " آرایه‌ی آرایه‌ها" است،[8] مجازی است در برگیرنده همه مجازها و استعاره‌ها و چرا چنین است؟ از نگاه او زبان در کنه خود بازتاب است و بازگویی آینه‌ی بازتاب دیگری است در برابر آینه زبان که تا بی‌نهایت همدیگر را باز می‌تابانند. این نگرش ناظر به این اصل زبان‌شناختی است که زبان نظامی از نشانه‌هاست که ما با این نشانه‌ها جهان را به مفهوم در می‌آوریم، اما این مفهوم خود جهان نیست. چنین است که به تعیری دیگر بازگویی (آیرونی) اصلا مجازی نامجاز است (هیلیس میلر).[9] درباره آیرونی به مفهوم عام همچنین گفته‌اند که بدون آن زندگی جنگلی است بی‌پرنده (آناتول فرانس). ما حتا در زندگی روزمره به مناسبت‌هایی نه همان چیزی را بر زبان می‌آوریم که منظورمان است. آیرونی به ویژه از نوع کلامی آن سخنی است شوخ که زیرکانه خود را آشکار می‌کند در حالیکه در ژرفا معنای جدی خود را پنهان می‌دارد (شلگل).[10] از نگاهی روش‌شناختی حتا گاه در یک منبع نظری درباره

---

[8] پل دمان، منبع پیش گفته. از این نوشته‌ی پل دمان ترجمه خوبی به فارسی از محسن ملکی در دسترس نگارنده بوده در https://www.academia.edu/40787124 که مترجم برای اصطلاح trope واژه مجاز را در برگردان فارسی به کاربرده است. به دلایلی که در متن ذکر خواهد شد در اینجا آرایه را برای trope به کار برده‌ایم.

[9] "The trope-no-trope of irony..." J. Hillis Miller in *Reading Narrative* (University of Oklahoma Press, 1998) 177

10 Friedrich Schlegel, *Lucinde and the Fragments,* trans. Peter Firchow (University of Minnesota Press, 1971) fr. 108

آیرونی یا باژگویی به تعریفی واحد و همگون برنمی‌خوریم. هر تلاشی برای تعریف این مفهوم و گونه‌هایش و با کاربست‌های مختلف آن در ادبیات، فلسفه و زبان نوشتار و گفتار، به تعبیری همچون چنگ زدن در مه است که هرگز نمی‌توان مشتی از آن را به چنگ آورد.[11] پس این سخنی به گزاف نیست اگر بگوییم (و با وامی از حافظ) که به مفهوم در آوردن آیرونی همچون تحریر خیال دوست نقش زدن بر آب است.

آیرونی به ساده‌ترین و کوتاهترین سخن، بر زبان آوردن چیزی است و مراد کردن چیزی دیگر خلاف آنچه بر زبان آمده است. این تعریف از زبان سخنور رومی کویین تیلین در سده نخست میلادی تاکنون همچنان به قوت خویش باقی است که در بیانی باژگویانه (آیرونیک) کلمات نه آن را می‌گویند که در ظاهر مقصود گوینده است:

"aliud verbis significamus, aliud re sentimus"

این تعریف همچنان رسا و موجز برای بررسی شعر حافظ در چهارچوبی اصطلاح‌شناسی کافی به نظر می‌رسد. اما مشکل آنگاه آغاز می‌شود که نخواهیم فقط در سطح اصطلاح‌شناختی به آیرونی در شعر حافظ بپردازیم. باژگویی یا آیرونی از نگاهی زبان‌شناختی، تخالفی یا تنافری است میان دال از یک سو و مدلول از سویی دیگر در یک پاره‌ی سخن دارای معنا، اما این نیز هست که آیرونی از حد یک دال فراتر می‌رود.

---

[11] D. C. Muecke, *The Compass of Irony* (NewYork: Methuen, 1980) 3

حافظ و بازگویی (آیرونی): حد جنون جهان کجاست؟

آیرونی به مفهومی گسترده‌تر، گفتمانی است ناهمخوان با خود در برابر سخن یا گفتمانی که با خود همخوان (self identical) است.

پرسش‌هایی در اینجا پیش می‌آید از جمله اینکه، آیا بازگویی همان گفتن سخن به مجاز یا کنایه است؟ آیا هر اشاره یا تلمیح در سخن گونه‌ای آیرونی یا بازگویی است؟ به آن تعریف ساده و کهن برگردیم که آیرونی گفتن چیزی است و منظور داشتن چیزی دیگر. این تعریف برخلاف آنچه به نظر می‌رسد چندان جامع و مانع نیست، چراکه هرگونه فراگذشتن از معنای وضع شده لفظ به صورت استعاره و مجاز را نیز در بر می‌گیرد. پرسشی که در اینجا پیش می‌آید این است که آن "چیز دیگر" که آیرونی بیان می‌کند چگونه چیزی است؟ همه حرف و سخن بر سر این دیگریت آن "چیز دیگر" در سازوکار بازگویی یا آیرونی است. ازین دیگریت در گفتمان شعری حافظ چه تعریفی می‌توان به دست داد؟ این دیگریت همیشه فراگذشتن از معنای وضع شده لفظ نیست یا فقط چیزی را به نام چیز دیگری خواندن، چنانکه در استعاره.

اشاره‌ای در اینجا به پیشینه تاریخی این اصطلاح بایسته است. با رجوعی به این پیشینه، هر چند در حد اشاره‌ای کوتاه، این مفهوم وضوح معنایی بیشتری پیدا می‌کند هم در آن حال که پیچیده بودن آن بیشتر آشکار می‌شود. این پیچیدگی را می‌توان گفت ناشی از پیچیدگی نظراتی است که به ویژه از اواخر سده‌ی هجدهم تا عصر حاضر در باره این مفهوم ابراز شده است. گفتن ندارد که ما در این مقال نمی‌خواهیم وارد دامنه‌ی گسترده‌ی رویکردهای فلسفی به مفهوم آیرونی بشویم و تا آنجا به این

نظرات نزدیک می‌شویم که به ملازمات آیرونی همچون یک صناعت ادبی می‌پردازند و در شناخت کاربست‌های ادبی آن ما را یاری می‌دهند.

به لحاظ اصل و ریشه واژه آیرونی برگرفته از واژه یونانی ironia است (در لاتین eirōneía). *آیرن* نام شخصیتی بود همیشه حاضر در کمدی‌های یونان باستان و اغلب از قشر بردگان که زیرکانه قصد و نیت خود را در جریان ماجرا بر زبان نمی‌آورد. در برابر او، شخصیتی دیگر و مخالف او نقش بازی می‌کرد به نام آلازون alazon که لافزن و گزافه می‌بود و هرچه را در سر داشت بر زبان می‌آورد. شیوه سخنگویی سقراط به روایت افلاطون را ملهم از شخصیت اولی *آیرن* در کمدی دانسته‌اند. در چشم‌اندازی تاریخی می‌توان گفت که مفهوم آیرونی با نام سقراط و گفتمان و روش فلسفی او گره خورده است. سقراط در مکالماتش وانمود می‌کند که نمی‌داند اما می‌داند: " آیرونی سقراطی" به معنای گونه‌ای "تجاهل العارف" و خود را به نادانستگی زدن در برابر حریف که در نهایت نادانستگی حریف را نسبت به یک موضوع آشکار می‌سازد. آیرونی سقراطی در واقع دانستن از راه ندانستن است (به تعبیر سورن کی‌یرکگور) یا به سخن دیگر، دانستن اینکه از یک مفهوم یا یک موضوع همین قدر می‌دانیم که نمی‌دانیم. همچنین می‌توان گفت که مفهوم peripetie در بوطیقای ارسطو آن‌گونه آیرونی است که امروز بدان آیرونی تقدیر یا سرنوشت گفته می‌شود. واژه‌ی peripetie در متن ارسطو به باژگونی اتفاقی و نابیوسیده بخت قهرمان اشاره دارد. این واژه در ترجمه‌های *بوطیقا* به فارسی به "تحول" (زرین کوب) و نیز "گردش وقایع" (افنان) و در متون اولیه‌ی ترجمه بوطیقا به عربی " اداره" ترجمه

شده است (ابوبشر متی) و می‌توان آن را از زبان حافظ "واژگونی بخت" هم نامید:

این قصه عجب شنو از بخت واژگون

ما را بکشت یار به انفاس عیسوی

معنای آیرونی را همچون هر مفهوم دیگری نمی‌توان فقط در معنای خاستگاهی آن (هنر نمایشی یونان باستان) خلاصه کرد. این مفهوم در فن بلاغت یونانی و سپس رومی در آثار سیسرون، کویین تیلیان...تحول معنایی پیدا کرد و در سیر اندیشه فلسفی در اروپا معنایی گسترده‌تر از معنای خاستگاهی خود پیدا نمود. گفتنی است که مفهوم یا اصطلاح آیرونی تا اوایل سده‌ی شانزدهم میلادی در ادب انگلیسی شناخته شده نبود و به کار نمی‌رفت.[۱۲] پس نباید اسباب تعجب ما بشود که در متون بلاغی و بیانی فارسی به این مفهوم پرداخته نشده و در نتیجه معادلی دقیق برای آن نداریم. در خود اروپا و سال‌ها پس از بلاغیون یونانی و رومی از سده‌ی هجدهم و از اوایل سده نوزدهم با پیدایی جریان رمانتیسم آلمانی Jena Romanticism، به ویژه در نوشته‌های فردریش

12 J. A. Cuddon, *Dictionary of literary Terms and Literary Theory* (London: Penguin books, 1999) 428

شلگل[۱۳] و برادرش ویلهلم شلگل و نیز کارل زولگر (سولگر، سولژر)[۱۴] و نیز در نظرات کی‌یرکگورد بود که ابعاد فلســفی مفهوم آیرونی در کنار جنبه‌های ادبی آن طرح می‌شــود و آیرونی نه فقط به صــورت آرایه‌ای بلاغی که همچون وجهی از زیستن در جهان و وضعیتی از خود جهان به صورت موضوعی در ژرفش‌های ادبی و فلسفی درمی‌آید.[۱۵] گفتنی است که هگل در کتاب زیباشــناســی خود بر نظرات شــلگل در باب آیرونی تاخته اســت و دریافت شــلگل را از آیرونی برداشــتی ناتاریخمند، نیســت‌پندارانه و ابداعی از خود او می‌داند که دیگران درباره آن وراجی بسیار کرده‌اند. در برابر، کی‌یرکگورد نیز با همه وفاداریش به هگل درباره او به تعریض گفته اســت که هگل از آیرونی چیز چندانی نمی‌دانســت و فقط حرف‌های تکراری زده اســت. کی‌یرکگور همچنین رمان شــلگل به نام لوسیندا Lucinde را که به پیوست قطعات پراکنده تاملات فلسـفی وی آمده، داســتانی که باژگویانه مضــامینی از تنکامگی را در قالب مفاهیمی فلســفی بیان می‌کند، اثری نازل خوانده که به زعم او آبروی عشــق و عشــاق را برده اســت.[۱۶] بی آنکه بخواهیم به چندوچون این برخوردها بپردازیم باید گفت که هر چهار فیلســوف، هگل، شــلگل،

---

[۱۳] Friedrich Schlegel (1772–1829 فردریش (فردریک) و برادرش وبلهم شلگل August Wilhelm Schlegel (1767–1845. در این جستار از فردریش شلگل وآرای او سود برده‌ایم.

[14] Karl Wilhelm Ferdinand Solger (1780-1819)

[۱۵] در باره سیر تحول رویکردها به باژگویی نگاه کنید به شرحی مفصل در این منبع:
Claire Colebrook, *Irony* (New York, Routledge, 2005)

[16] De Man: "The Concept of Irony"

سولجر و کی‌یرکگور در توسع معنای فلسفی و ادبی آیرونی سهم عمده‌ای داشته‌اند. ازین میان آرای فردریش شلگل به ویژه زمینه‌ای برای موضوع پژوهش‌ها و ژرف اندیشی‌های بیشتر در فلسفه و نظریه‌های ادبی و هنری معاصر از نقد نو تا ساختارگرا و پسا ساختارگرا را فراهم کرده است تا آنجا که رویکردهای پساساختارگرا را در فلسفه به طور کلی متاثر از رمانتیسم آلمانی و واکنشی بازگویانه و شوخ دربرابر عجب و ایقان رویکردهای فلسفی مدرن دانسته‌اند.

از میان گونه‌های بازگویی (آیرونی) نخست به گونه‌ی کلامی آن verbal irony در شعر حافظ می‌پردازیم. برای این مفهوم در منابع بلاغی و بیانی گذشتگان معادلی دقیق نمی‌توان یافت، اما این بدان معنا نیست که در شعر و ادب فارسی این آرایه به کار نرفته و در مباحث بلاغی پیشنیان مصطلحاتی را نزدیک به مفهوم بازگویی (آیرونی) نمی‌توان یافت. باید گفت که در کتاب‌های بلاغت و صناعات کلامی به فارسی یا عربی به آیرونی در کلام جز به صورت نمودهایی محدود از آن، برخلاف مفاهیمی همچون مجاز و استعاره و تشبیه، پرداخته نشده است. همچنین باید گفت برخلاف رویکردهای گسترده‌ی فلسفی در غرب به آیرونی، این مفهوم هیچگاه موضوع تامل و اندیشیدن در فرادهش فلسفه ایرانی نبوده است. به تازگی است که می‌بینیم در قالب پژوهشهای دانشگاهی مفهوم آیرونی در نظر آمده و تعاریفی از آن به دست داده شده

است.[17] در این پژوهش‌ها به ویژه سعی شده برابرنهادی برای آیرونی از مصطلحات بلاغی فارسی به دست داده شود و همچنین کاربست آن در متونی از ادب کهن در آثار شمس، سعدی، ناصر خسرو... و از ادب معاصر در آثار پروین اعتصامی، اخوان، شاملو... بررسی گردد.

از رویکردی اصطلاح‌شناختی مشکل بتوان برابرنهادی را برای آیرونی در تطبیق بلاغت فارسی با بلاغت غربی یافت. پایه‌های نظری متفاوت و مشکل ترجمه متون یونانی از سریانی به عربی و سپس به فارسی باعث شده که مفاهیم و اصطلاحات در برگردان عربی یا فارسی اغلب همپوشی کامل با اصل یونانی نداشته باشند. در این ناهمپوشی اختلاف فرهنگ یونانی با فرهنگ نخستین مترجمان آثار فلاسفه یونانی به عربی ناگزیر نقش داشته است. خورخه لوییس بورخس در داستانی می‌گوید ابن رشد تصوری از تئاتر و نمایش یونانی نداشت و ازین رو معنای "میتوس" را در بوطیقای ارسطو به درستی درک نمی‌کرد.[18] چنین است که می‌بینیم حتا در آثار جرجانی با نوآوری‌های ژرف‌بینانه‌اش مفهوم

[17] سه نمونه از این پژوهش‌ها در زمینه شعر حافظ که در دسترس نگارنده بوده است:
حافظ حاتمی، "زاهد عالی مقام (صنعت تهکّم در شعر حافظ)" *فصلنامه پژوهشهای ادبی و بلاغی*، پاییز ۱۳۶۹) ۱۰۱ ــ ۹۱
شمس‌الحاجیه اردلانی "جلوه‌های آیرونی در شعر حافظ"، (*پژوهشنامه‌ی نقد ادبی و بلاغت*، بهار و تابستان ۱۳۹۵) ۱۸۸ ــ ۱۷۱
احمد ذاکری، "بررسی استعاره‌ی تهکّمیّه در غزلیات حافظ"، (*پژوهشنامه‌ی نقد ادبی و بلاغت*، پاییز و زمستان ۱۳۹۵) ۷۲ ــ ۶۱

[18] به این موضوع به تفصیل در جستاری با سرنام " مشکل ابن رشد" (در کتابی در دست انتشار) پرداخته‌ام.

حافظ و باژگویی (آیرونی): حد جنون جهان کجاست؟

"نظم" فقط در بعد نحوی و معناشناختی کلام و در واحد جمله بررسی شده است، در حالیکه ارسطو در بوطیقا نظم را همچون مفهومی صناعی و در واحدی بزرگتر از جمله، در شکل روایی تراژدی و در وحدت کل اثر دخیل می‌دانست.[19] از اینروست که برای مثال از مصطلحات امروز نقد ادبی در زبان‌های اروپایی، در برابر اصطلاح trope مفهومی کلی و در برگیرنده انواع مجازها، تشبیهات، استعارات و نیز اغراق‌های شاعرانه ما برابر نهاد دقیقی در فارسی نداریم.[20] این آرایه به معنای هرگونه مجاز (فراگذشتن لفظ از معنای وضع شده آن) است که آیرونی یا باژگویی یکی از نمودهای آن به شمار می‌آید، مثلا این اغراق شاعرانه در این بیت حافظ را می‌توان گونه‌ای باژگویی دانست:

ز چنگ زهره شنیدم که صبحدم می‌گفت

غلامِ حافظ خوش‌لهجه‌ی خوش‌آوازم

پیشینه تاریخی مفهوم آیرونی در نقد و نظر اروپایی به سختی کار پژوهشگران در یافتن معادلی برای در زبان فارسی طبعا افزوده است و

---

[19] به این موضوع در جستار مفصل " مشکل ابن رشد" پرداخته‌ام.
[20] ظاهرا واژه مجاز در ادب جاهلی عرب به همین معنای فراگیر trope به کار می‌رفته، اما بعدها به گونه‌های مختلف تخفیف و تخصیص یافته و از مقوله استعاره جدا شده است.

در این زمینه بر کار آنها ایراداتی نیز گرفته شده است.[21] با این حال و به رغم ایرادات گرفته شده ارزش اصطلاح‌شناختی کار این پژوهشگران را نمی‌توان نادیده گرفت. مشکل این است که آیرونی در خود بلاغت کلاسیک و جدید غرب نیز به لحاظ در هم آمیختگی گونه‌های مختلف آن مفهومی چند وجهی است که به دست دادن تعریفی جامع و مانع از آن را مشکل می‌سازد. برای نمونه می‌توان گفت ادیپ اثر سوفکل هم آیرونی نمایشی (دراماتیک) است هم آیرونی تراژیک و نیز آیرونی تقدیر cosmic irony یا آیرونی سرنوشت که همه‌ی این گونه‌ها را می‌توان در مقوله‌ی آیرونی وضعی یا ساختاری structural جای داد. سوگنامه *رستم و سهراب* را نیز در عین حال که آیرونی تراژیک است، می‌توان در مقوله آیرونی وضعیت situational irony یا آیرونی سرنوشت نیز گنجاند.

نبود پیشینه‌ای ازین مفهوم در زمینه مباحث بلاغی دلیل نبود کاربست صناعت آیرونی در ادب فارسی نیست و می‌توان با این سخن موافق بود که "نبود یک اصطلاح در زمینه ای خاص، کاربرد و مصادیق آن را نفی نمی‌کند."[22] در پژوهش‌های فارسی به این معادل‌ها برای واژه آیرونی برمی‌خوریم: کنایه یا تعریض، طنز، ایهام محتمل الضدین، مجاز با علاقه‌ی تضاد، اسلوب الحکیم (گونه‌ی آیرونی سقراطی)، مدح شبیه به ذم. و برعکس، استعاره تهکمیه یا استعاره عنادیه و هزل و هجو و

---

[21] سیما رحمانی فر، روح الله هادی، "نقد پژوهش‌های آیرونی‌شناسی (ناهمخوانی نمونه‌های فارسی اصلی آیرونی در بلاغت غربی)" (*فصلنامه علمی پژوهشی نقد ادبی*، زمستان ۱۳۹۴) ۱۹۳ ـ ۱۷۱

[22] همان

همچنین وارونه‌سازی، رندانه و رند معنایی، گفتار ناسازگونه و حتا "نعل وارونه" ترکیب نارسا و نازایایی که در هیچ بافتگان (کانتکست) جدی نمی‌توان آن را به کار برد![۲۳] مشکل این است و در بعضی از این پژوهش‌ها بر آن تاکید شده که، هر کدام از این برابرنهاده‌ها بخشی از معنای آیرونی را می‌رسانند، اما هیچ یک نمی‌توانند یک جا با شمول گسترده معنایی آیرونی در نقد و نظر غربی در زبان فارسی همخوانی داشته باشند. در اینجا باید به برابرنهاد رندی در برابر آیرونی اشاره‌ای بکنیم که سال‌ها پیش باقر پرهام در ترجمه متنی از ژان وال[۲۴] درباره سورن کی‌یرکگور آن را به کار برده است.

واژه آیرونی از مصطلحات خاص اندیشه کی‌یرکگور است و کتاب مفهوم آیرونی او از منابع کلاسیک آیرونی‌شناسی به شمار می‌آید. تا آنجا که رندی به وجهی از هستی یا تجربه‌ای هستیانه در اندیشه این فیلسوف برمی‌گردد، می‌توان گفت برابرنهادی به جا و رساست، اما چنانکه اشاره شد، رندی یکی از مضامین در شعر حافظ است نه بیانگر طرز سخن او. رندی به معنای گونه‌ای سلوک در تضاد با زهد و سلوک زاهدانه، یا رفتاری خلاف روال و عرف پذیرفته شده در جامعه ما را به چیزی بیرون از شعریت شعر حافظ احاله می‌دهد.

---

[۲۳] این برابر نهاده به نقل از سیماداد: *فرهنگ اصطلاحات ادبی*، زیر مدخل " آیرونی" برساخته‌ی سیروس شمیساست در کتاب او *کلیات سبک شناسی*. اما در کتاب ارجاع داده شده یافت نشد.

[۲۴] ژان وال، *اندیشه هستی*، ترجمه‌ی باقر پرهام (طهوری، چاپ دوم، ۱۳۵۷)

از پر بسامدترین برابرنهاده‌های آیرونی در فارسی واژه طنز است و گاه حتا واژه‌ی کمدی را نیز به کار برده‌اند. به یاد بیاوریم این گفته شلگل را که آیرونی اما لطیفه‌گویی نیست، موضوعی جدی است (نقل به مضمون). اگر طنز را معادلی برای satire در نظر بگیریم، باید گفت اگر چه میان این دو مفهوم رابطه‌ای هست، اما نمی‌توان این رابطه را نوعی رابطه‌ی عموم و خصوص دانست؛ چراکه، نه هر طنزی باژگویی است و نه هر باژگویی طنزآمیز. آیرونی یا سخن باژگویانه همیشه القای طنز نمی‌کند و گاه می‌شود که سخنی است در بیان سوگ و اندوه و حتا در القای طنز خنده‌ای را که برمی‌انگیزد خنده‌ای است از سر درد؛ زهرخند است. سخن طنزآمیز همیشه نگاه به دیگری دارد، در حالیکه سخن باژگویانه به خود گوینده سخن بر می‌گردد، سخنی به خود وانگرنده self-reflective است. طنز همواره ناظر بر به هم ریختگی وضعیتی از زندگی است که گریز ناپذیر نیست، درحالیکه آیرونی با بی‌معنایی absurdity ناگزیر امور یا به تعبیر حافظ با" هیچ برهیچ کار جهان" سروکار دارد:[۲۵]

جهان و کارِ جهان جمله هیچ بَر هیچ است

هزار بار من این نکته کرده‌ام تحقیق

---

[۲۵] با نگاهی به:

D. C. Muecke, *The Compass of Irony* (London: Routledge, 2020) 27

ازین روست که آیرونی یا باژگویی را نمی‌توان فقط در صناعتی از سخن یا یک ژانر (طنز) خلاصه کرد. آیرونی در فرادهش فلسفه غرب بر وجهی از هستی یا نوعی جهان‌نگری یا گونه‌ای مشرب فکری نیز دلالت می‌کند. آیرونی یا باژگویی همچنین مفهومی است که به سرشت متن ادبی برمی‌گردد و نمی‌تواند طنز باشد. چنین است که می‌بینیم برابرنهاد طنز برای آیرونی مثلا در ترجمه‌ای از لوکاچ متن را در فارسی مبهم و نارسا کرده است.[۲۶] باژگویی یا آیرونی همچون یک شیوه بازنمایی یا محاکات، از رویکرد لوکاچ، کل مقوله ادب داستانی را دربرمی‌گیرد که جهانی مفهوم و برساخته‌ای از کلمات را در برابر واقعیت جهان ارگانیک بیرونی می‌گذارد. نسبت این دو جهان همیشه طنزآمیز نیست.

اقتضای سخن آیرونیک (باژگویی کلامی) سربستگی و پوشیدگی پیام آن است، یا به تعریفی دیگر، ساختاری در سخن است که پیام خود را به تعلیق می‌اندازد. باژگویی با آشکارگویی هجو و هزل نیز مناسبتی ندارد. این دو بیت هزل‌آمیز حافظ مثلا را نمی‌توان دارای بیانی باژگویانه یا آیرونیک دانست:

شیخم (ناصح) به طنز گفت حرام است می مخور

گفتم به چشم گوش به هر خر نمی‌کنم

---

[۲۶] نگاه کنید به گئورگ لوکاچ، *نظریه رمان*، ترجمه ی حسن مرتضوی (آشیان، ۱۳۹۲) ۸۹ـ ۸۸، ۸۶

یا این بیت را:

صوفی شهر بین که چون لقمه‌ی شُبهه می‌خورد
پاردُمَش دراز باد آن حَیَوانِ خوش علف

درباره برابرنهادهای کنایه و ایهام به کوتاه سخن می‌توان گفت که ایهام به معنای سخن دوپهلو از یکسو با اصطلاح ambiguity بیشتر سازگاری دارد تا با باژگویی (آیرونی). لازمه‌ی هم ایهام (معنی غیر ظاهر آن) و کنایه (معنای دور آن را) سخنگو آگاهانه در نظر دارد و مخاطب نیز بی هیچ درنگ و تعلیقی این معناهای دومین را از معنای نخستین الفاظ دریافت می‌کند، در آیرونی اما به ویژه در آیرونی کلامی (باژگویی) چنین نیست، معنای دیگر گاه از اختیار و حیطه‌ی آگاهی خود گوینده نیز بیرون است و فرآیند دریافت آن نیز با درنگ و تعلیق همراه خواهد بود. باژگویی کلامی به صورت پیچیده و پرداخته آن لحظه‌ای از درنگش یا اپوکه "epoche" را در متن پیش می‌آورد که در این لحظه گاه می‌شود، و به ویژه در شعر حافظ، که معنای به تعلیق افکنده شده از زنجیره‌ی همزمانی synchronic کلمات در نهایت هیچ تعینی را در بعد درزمانی diachronic زبان و در قالب معنایی "مقدر" به خود نمی‌پذیرد.

در اینجا باید به استعاره‌ی تهکمیه یا عنادیه اشاره‌ای بکنیم که در پژوهش‌های اخیر با استناد به منابع بیانی گذشتگان آن را نزدیکترین

اصطلاح به آیرونی کلامی دانسته و به شرح مصادیق آن در غزلیات حافظ پرداخته‌اند. از آنجاکه رویکرد منابع کلاسیک در مباحث بیانی و بلاغی تنها معطوف به لفظ و کاربست مجازی آن در سخن معطوف بوده، در آنها تنها می‌توان به تعریف بازگویی آیرونی کلامی آن هم در ساده‌ترین شکل آن در قالب استعاره عنادیه یا تهکمیه (در برابر استعاره‌ی وفاقیه)[27] برخورد. تهکم از ریشه هکم به معنای فسوس و ریشخند و طعن... است که آن را "نزاهت" نیز خوانده‌اند. در کتاب انوارالبلاغه (نوشته شده در قرن یازدهم هجری) این استعاره را در کنار استعاره‌ی تملیحیه (طنز آمیز) زیر استعاره عنادیه طبقه‌بندی کرده است: "و از جمله‌ی استعاره عنادیه است استعاره‌ی تهکمیه و تملیحیه. و آن این است که استعاره لفظ ضدی از برای ضدی دیگر یا نقیضی از برای نقیضی دیگر بشود به سبب تنزیل تضاد با تناقض به منزله‌ی تناسب از باب تهکم و تمليح یعنی نمکین نمودن کلام."[28]

در این منبع و در دیگر منابع هم مثالی را که برای استعاره تهکمیه آورده‌اند آیه‌ای از قرآن است که در آن خداوند کسانی را به عذابی سخت "بشارت" می‌دهد: فَبَشِّرْهُم بِعَذَابٍ أَلِيمٍ؛ یا این آیه: "فاهدوهم الی صراط الجحیم"(آنان را به آتش سوزان جهنم راهنمایی کن!) و این آیات را نمونه‌ای از استعاره تهکمیه دانسته‌اند که در آنها "بشارت" و " هدایت" نه به معنای مثبت کلمه، بلکه به معنای منفی و به قصد طعن و تسخر به کار

---

[27] استعاره‌ای که اجماع معنای طرفین در لفظ ممکن باشد: استعاره نور برای هدایت

[28] محمد هادی بن محمد صالح مازندرانی، *انوار البلاغه*، به کوشش محمد علی غلامی‌نژاد (نشر قبله، ۱۳۷۶) ۲۸۶

رفته‌اند. اما در هر دو آیه از قرآن اگرچه معنایی از طعن هست، اما استعاره‌ای با ساختار شباهت در آن در کار نیست، مگر اینکه هر نوع عدول کلمه از معنای وضعی کلمه و از جمله فعل را استعاره تلقی کنیم. بازگویی در این دو آیه در یک واحد معنایی (یک جمله کامل امری) اتفاق افتاده است و نه در قالب یک کلمه، بدین گونه که واژه‌ی "بشارت" و "هدایت" در برابر " عذاب الیم" و آتش سوزان جهنم آمده‌اند و در این برابرنهادگی پیامی بازگویانه را می‌رسانند. واژه‌ی بشارت و هدایت بر مدلولی در بافتگان این دو آیه دلالت دارند که به خودی خود و در بافتگانی دیگر چنین دلالتی را ندارند: بشارت به معنای خبر خوش و مژده معنای انذار و ترسانیدن و هشدار نمی‌دهد و هدایت به معنای وضع شده آن راهنمایی به مقصد نیکوست نه آتش جهنم. می‌توان صناعت به کار رفته در این آیه را مجاز با علاقه تضاد بدانیم، چرا که اطلاق استعاره تهکمیه به آن لازم می‌آورد که بگوییم "قدما، تضاد صد درصد و کاملا معکوس را جزو شباهت محسوب می‌داشته‌اند."[۲۹]

در قرآن اگر از حد لفظ و آرایه‌های آن بگذریم، در ساختاری روایی آیرونی سرنوشت یا تقدیر cosmic را در قصه یوسف و سرنوشت او می‌توان دید که به رغم کید و بدخواهی برادرانش از قعر چاه به عزیزی مصر می‌رسد، چنانکه حافظ نیز بر این بازی سرنوشت چنین اشاره دارد:

---

[۲۹] سیروس شمیسا، *بیان* (فردوس، ۱۳۷۰) ۴۹

عزیزِ مصر به رغمِ برادران غیور
ز قعرچاه برآمد به اوجِ ماه رسید

و "کلبه احزان" پدرش در دیدار دوباره با او، به تقدیر الهی، "گلستان" می‌گردد.[۳۰] اندک شمار تهکمات قرآنی در مقایسه با بسیاری تحکماتش موضوعی است که پرداختن بدان از حوصله این مقال بیرون است. نکته مهم این است که اساس آیرونی یا بازگویی نه بر استعار که بر اختفاست، و برخلاف استعاره چیزها را بر اساس همانندی حسی یا عقلی توصیف نمی‌کند، بلکه بیانی از یک نگرش یا موضع نسبت امری هستیانه یا اجتماعی است؛ سوی‌مند است و متضمن گونه‌ای داوری است:

یاران همه ترک می پرستی کردند
جز محتسب شهر که بی می مست است

(منسوب به شاه شجاع ممدوح حافظ)

---

[۳۰] با نگاهی به این منبع:
Mir, Mustansir, Irony in the Qur'an: A Study of the Story of Joseph, Issa J. Boullata, ed. *Literary Structures of Religious Meaning in The Qur'an*. Curzon Studies in The Qur'an Richmond, Surrey, UK: Curzon, 2000. 173-1187, Chapter 8) .

همین مضمون را به بیانی باژگویانه در این بیت حافظ نیز می‌بینیم:

ای دل طریقِ رندی از محتسب بیاموز
مست است و در حقِ او کس این گمان ندارد

برای مفاهیمی همچون آیرونی با نظر به آنچه گفته شـــد ما نمی‌توانیم لزوما برابرنهادی را از سـنت بلاغی فارسـی یا عربی به کار بریم. چنانکه مثلا نمی‌توان برای واژه mimesis واژه‌ی "تخییل" را گذاشـــت حتا اگر ابن‌ســینا آن را مترادف با محاکات به کاربرده باشــد.[۳۱] و چرا نباید مثلا "تمثل " را به جای تخییل به کاربرد؟ تخییل، به معنای به خیال افکندن یا خیال‌انگیزی، کارکردی از مایمیســیس اســت نه ســازو کار آن. واژه محاکات اگر چه در زبان نقد معاصــر واژه‌ای جا افتاده اســت، اما ما همچنین برابر واژه‌ی یونانی مایمیســیس واژه‌ی فارســی "بازنمایی" را به کار می‌بریم که رســاتر و حتا به لحاظ ریشــه‌شــناختی فعل "نمودن" نیز به اصــل یونانی نزدیک اســت.[۳۲] بر این اســاس واژه‌ی باژگویی را به قیاس واژه‌ی "فــاش‌گویی" در برابر آیرونی می‌گــذاریم. واژه‌ی "بــاژ" صــورت

[۳۱] پیشنهادی از شفیعی کدکنی است.

[۳۲] همچنانکه واژه ی representation در زبان نقد و نظر انگلیســی رســاننده همین معناست.

دیگری از واژ پیشوندی به معنای قلب، عکس و دیگرگونی است با این پیشینه در زبان فارسی مثلا در این بیت از مسعود سعد:

چون طبع جهان باژگونه بود
کردار همه باژگون فتاد

یا در خود حافظ:

مجوی عیش خوش از دور باژگون سپهر
که صاف این سر خم جمله دُردی آمیز است

باژ نه همچون پیشوند که همچون اسم به معنای نیایشی زمزمه‌وار و پنهانی در ادبیات آیین زرتشی به کار رفته و در شاهنامه نیز به همین معنا آمده است:

ابا باژ با کردگار جهان
بدو بر کنیم آفرین نهان

شاید گفته شود که مفهوم-واژه‌هایی همچون " آیرونی" که خاستگاهی در فرهنگ اروپایی از یونان باستان تا عصر حاضر دارند، به فارسی برگرداندنی نیستند. این برداشت را و برداشت‌هایی از این نوع را باید ناشی از باور به تقدسی ورای مادیت زبان، برای "نص" دانست که هیچ برگردانی را از آن به زبانی دیگر برنمی‌تابد. روشن است که مفهومی پیچیده، تاریخمند (تحول یافته) همچون آیرونی در زبان‌های اروپایی را نمی‌توان عین به عین (واژه در برابر واژه) به فارسی برگرداند، همچنانکه برای واژه یا مفهوم "رندی" در زبان فارسی و به ویژه در شعر حافظ نیز مترجمان برابرنهادی عین به عین و واحد در زبان‌های اروپایی نمی‌توانند یافت. شایگان در برابر مفهوم رندی با مسامحه اصطلاح libertin inspire را پیشنهاد می‌دهد هم در آن حال که به نارسابودن آن در برابر رندی اذعان دارد، "... این واژه به قول ژاک مارتین چنان با 'اسناد اشرافیت متافیزیک' ما عجین است که نمی‌توان آن را به زبان دیگری ترجمه کرد."[۳۳]

این آموزه‌ی سوسور را به یاد آوریم که واژه‌ها در انتقال (ترجمه) از زبانی به زبان دیگر خود را با ویژگی‌های معناشناختی و حتا آوا شناختی زبان گیرنده (زبان مقصد) سازگار می‌کنند. پس عجیب و نادرست نیست اگر در فارسی ملت (در اصل به معنای مذهب) به جای "ناسیون" نشسته باشد و سیاست (در اصل به معنای تنبیه) به جای پولیتیک. در روند سازگاری یاد شده گاه یک مفهوم در قالب یک واژه در یک زبان خود را در خوشه‌ای از واژه‌ها در زبان مقصد آشکار می‌سازد که هر کدام

[۳۳] داریوش شایگان، پنج *اقلیم* حضور (فرهنگ معاصر، ۱۳۹۳) ۱۳۶

رسـانندەی معنایی از معناهای واژه در زبان مبدا هسـتند. چنین اسـت که برابر نهاد باژگویی را نمی‌توان در هر زمینه‌ای به جای آیرونی به کار برد. ما همیشـــه می‌توانیم در ترادف با آن آیرونی را نیز همچون یک وام واژه در مباحث نقد و نظریه ادبی به کار گیریم همچنانکه واژه‌های کمدی و تراژدی یا رمان و رمانتیســـم را امروز به کار می‌بریم. زبانها از همدیگر واژه‌ها را به وام می‌گیرند همچنانکه زبان‌های مدرن اروپایی واژەی آیرونی را از زبان یونانی به وام گرفته‌اند و بر آن معناهایی افزون بر اصـل سوار کرده‌اند.

آیرونی را همچون صناعتی کلامی یا آرایەی سخن نه تنها در متون کهن و کلاسیک بلکه در متون ادبی مدرن و پسامدرن نیز می‌توان یافت و بر این باید افزود کاربسـت این آرایه را که در زبان گفتاری روزمره رایج اسـت. تراژدی *ادیپ* گونه‌ای آیرونی در بافتاری روایی (آیرونی ســرنوشــت یا موقعیت) اسـت و در کتاب مقدس آیرونی را به صـورت باژگویی کلامی می‌توان از انجیل مرقس مثال آورد در شـرح به صـلیب کشـیدن عیسـای ناصری:

"... تاجی از خاربافته برســرش گذاردند و او را ســلام کردن گرفتند که سلام ای پادشاه یهود!"[۳۴]

و در پی این سلام باژگویانه است که بر سر عیسا می‌زنند و آب دهان بر او می‌اندازند. در ادبیات کهن فارسی سوگنامه *رستم و سهراب* را نمونه‌ای حماسـی از گونه باژگویی یا آیرونی تقدیر (موقعیت) می‌توان خواند. ما

---

[۳۴] مرقس، باب پانزدهم، ۱۸ ـ ۱۷

مخاطبان این دو اثر، تراژدی ادیپ شهریار و سوگنامه‌ی رستم و سهراب واقعیت‌هایی را در پس زمینه کنش قهرمانان ماجرا می‌دانیم که خود آنها از آن بی‌خبرند و این اساس درک ما از موقعیت تراژیک- آیرونیک آنهاست. آیرونی موقعیت را همچنین می‌توان به خود تاریخ هم سرایت داد به صورت وارون آمد رخدادها، یا همان طنز یا ریشخند تاریخ cosmic irony که گاه به صورت سوگناک (تراژیک) tragic irony نیز رخ می‌نماید مصداق این بیت انوری:

هزار نقش برآرد زمانه و نبود
یکی چنانکه در آیینه‌ی تصور ماست

این گونه‌ی آیرونی را می‌توان به تقدیری تلخ یا واژگونی بخت تاریخی تعبیر کرد. تاریخ ایران و به ویژه در دوران معاصر ازین لحظات باژگونی بخت و خلاف آمد حادثات کم نداشته است. تاریخنگاری در روزگار مدرن نیز مصون از باژگویی (آیرونی) نیست. تاریخنگاری امروز (مدرن)، به تعبیر هایدن وایت در گذشته به معنایی را جستجو می‌کند که خود گذشته آن را بر زبان نمی‌آورد. گذشته در این تاریخنگاری همواره فراتر از آنچه می‌گوید معنا می‌دهد.[۳۵]

---

[35] Hayden White, *Metahistory* (John Hopkins University Press, 1973)375

حافظ و بازگویی (آیرونی): حد جنون جهان کجاست؟

آیرونی را در آثار نویسندگان و شاعران مدرن از کافکا تاجویس و توماس مان واز سوییفت تا اورول و بورخس می‌توان دید. سیاهه‌ی نام نویسندگان آیرونیست یا آنها که می‌توان رد و نشانی ازین شگرد ادبی در آثارشان بافت بس دراز است. این سطرها را به ویژه از بازگویی کلامی در شعر کوتاهی از الیوت (برادر زاده نانسی) در اینجا می‌آوریم:

Miss Nancy Ellicott smoked

And danced all the modern dances;

And her aunts were not quite sure how they felt about it,

But they knew that it was modern

میس نانسی الیکوت سیگار کشید

و رقصید همه رقص‌های مدرن را

و عمه‌هایش خیلی مطمئن نبودند که چه احساسی درباره آن دارند

اما می‌دانستند که مدرن است

سطر بازگویانه آخر در این شعر بیان ریشخندآمیزی است از حیرت عمه‌های سنتی (پاک دین) دوشیزه الیکوت از دیدن حرکات مد روز برادرزاده‌ی جوان و پر انرژی خود؛ رویارویی جهانی سپری شده با

جهانی هم اکنون و حاضـــر. یا این بند از منظومه‌ی "ســـرزمین هرز" که الیوت با تقابلی از پیشـــگویی به مفهوم کهن با فالگیری در زمانه مدرن بیانی بازگویانه (آیرونیک) از وضعیت مدرن به دست می‌دهد:

Madame Sosostris, famous clairvoyante,
Had a bad cold, nevertheless
Is known to be the wisest woman in Europe,
With a wicked pack of cards. Here, said she,
Is your card, the drowned Phoenician Sailor,
(Those are pearls that were his eyes. Look!)
Here is Belladonna, the Lady of the Rocks,
The lady of situations

مادام سوساستریس پیشگوی شهیر
سرمای سختی خورده بود، با این همه اورا
بادستی ورق شریر، فرزانه‌ترین زن اروپا
می‌دانند. گفت، هان!
این ورق تست ملاح مغروق فنیقی

(آنها مرواریدهایی است که چشمان او بود، نگاه کن!)[۳۶]

این بلادونا است، بانوی صخره‌ها

بانوی موقعیت‌ها

...

اوراق تاروت که در مصر باستان برای پیشگویی طغیان نیل به کار می‌رفت به "دستی ورق شریر" در دست زن فالگیری در عصر حاضر بدل شده و در واقع به ابتذال کشیده شده است.

در اینجا از ادبیات معاصر ایران نیز نمونه‌هایی بیاوریم، به ویژه از گونه پیچیده و نا آشکار بازگویی. نخست در شعری از فروغ فرخ‌زاد که با این سطرها آغاز می‌شود:

فاتح شدم

خود را به ثبت رساندم

...

ما جمله‌ی " خود را به ثبت رساندم" را می‌خوانیم اما درجا می‌فهمیم که مقصود شاعر نه همان است که می‌گوید. این سطر شعری بی هیچ آرایه‌ی کلامی با لحنی طنز آمیز نمونه‌ای از بازگویی و گونه‌ی نا آشکار آن

---

[۳۶] از ترجمه ی به‌یادماندنی بهمن شعله‌ور

تحریر محال

است. در تاکید بر مدعای این سطر در خلال سطرهایی که به دنبال آن می‌آید، هرچه شاعر بر مستندات زندگی نامه‌ای خود می‌افزاید، سطر یاد شده از معنای لفظی خود بیشتر تهی می‌شود:

خود را به نامی، در یک شناسنامه، مزین کردم

و هستیم به یک شماره مشخص شد

پس زنده‌باد ۶۷۸ صادره از بخش ۵ ساکن تهران

...

فتحی در واقع اتفاق نیفتاده است. شاعر با ثبت نام خود در یک شناسنامه هویت خود را احراز نکرده، بلکه بر بی‌هویتی یا هویت گم شده خویش انگشت می‌گذارد.

نمونه‌ای از بازگویی پیچیده و نا آشکار را در این سطر از شعر رویایی در سوگ مادر می‌خوانیم:

مادر که می‌میرد دیگر نمی‌میرد

در این جمله مرکب نه طنزی هست و نه سخن به مجاز یا استعاره گراییده است، اما ما را با این پرسش روبرو می‌سازد که این چگونه مرگی

۵۳

است که آغاز زندگی دوباره است؟ می‌توان آن را به نثر ساده چنین بازنویسی کرد: وقتی که مادر می‌میرد دیگر نخواهد مرد. اما در این جمله بند clause پیرو بند پایه را نفی می‌کند؛ بدین معنا که بندها در این جمله مرکب در بعدی دستوری به هم پیوسته‌اند، اما در بعدی معناشناختی ناپیوسته و با هم در تناقض‌اند. در اینجا باژگویی نه در کلمه که در نحو جمله و به صورت یک گسل نحوی anacoluthon اتفاق افتاده است و به ویژه با کوتاه شدن قید (وقتی که یا زمانی که به صورت "که") این ویژگی برجسته شده است. نحو پاره‌ی نخست جمله انتظاری را برمی‌انگیزد که پاره دوم آن بدان پاسخ نمی‌گوید و معنایی را خلاف انتظار ما می‌رساند. این جمله مرکب اگر چه از واقعیتی خبر می‌دهد، اما احتمال صدق و کذب را از خود پیشاپیش سلب می‌کند تا به صورتی جمله‌ای گزاردی[۳۷] یا اجرایی (انجام گر)[۳۸] performative یا به اصطلاح قدما " انشایی" درآید. با این صورت منطق‌گریز سخنی ناهمخوان با خود و بازگویانه است که با خبر مرگ مادر پایان نمی‌گیرد، بلکه به معنای دیگری از مرگ مادر گشوده می‌شود... از یک روی از مرگ مادر خبر می‌دهد، اما از روی دیگر، این مرگ را گویی که برای همیشه به تعلیق یا به تاخیر می‌اندازد.

در چشم‌اندازی گسترده‌تر می‌توان گفت ملت‌ها هرچه باسابقه‌تر به لحاظ تاریخی در دوران‌های خوف و بی پناهی به جای اینکه یکسره لال شوند،

---

[۳۷] گزاردی از مصدر گزاردن با نگاهی به این بیت حافظ: حافظ اگرچه در سخن خازن گنج حکمت است/ از غم روزگار دون طبع سخن‌گزار کو

[۳۸] داریوش آشوری، *فرهنگ اصطلاحات علوم انسانی*

به بازگویی روی می‌آورند. عرصه کارکرد بازگویی تنها در متون نوشتاری ادبی نیست. در زبان نوشتاری غیر ادبی نیز و زبان گفتار روزمره فراوان به کاربست این آرایه برمی‌خوریم. این گفته از شاهرخ مسکوب در روزنوشت‌هایش با خصلتی بازگویانه از نثری سردستی و یادداشت‌گونه به شعر نزدیک می‌شود: "آن وقت‌ها وقت دیگری بود." [۳۹] در جایی دیگر اگرچه با لحنی اندوهبار و جدی، اما جمله‌ای که بر قلمش رفته، سخنی بازگویانه است و از گونه رادیکال یا خودکاهانه بازگویی (radical irony)، آنجا که می‌گوید، "... تقریبا همه‌ی ما کمابیش پفیوزیم."[۴۰] او با به کار بردن ضمیر "ما" خود را نیز مشمول حکم خود کرده است. در محاوره‌ای روزمره گاهی به کسی می‌گوییم، "خوش آمدید!" که استقبال ما را از حضور و آمدن او بیان می‌کند. اما همین عبارت را در بافتگانی دیگر خطاب به کس دیگر به کارمی‌گیریم و می‌گوییم، "خوش آمدید!" که بیانی از ناخوشنودی ما از ادامه حضور یک شخص و برای خلاص شدن از دست اوست. اشاره‌ای در اینجا ضروری است. بازگویی به‌ویژه در زبان گفتاری روزمره مشروط به بافتگان (کانتکست) سخن است. بافتگان (کانتکست) فقط به معنای سیاق کلام نیست، چنانکه به کار می‌برند. بافتگان نه فقط به سیاق (چینش) کلام برمی‌گردد، بلکه ناظر بر شرایط و موقعیت صدور سخن و نیز دریافت آن است. شبی را تصور کنید در سالهای سیاه دهه‌ی شصت و بمباران‌ها که پس از آژیر سبز (نشانه‌ی

[۳۹] شاهرخ مسکوب، *روزها در راه*، ج دوم (خاوران، ۲۰۱۱)۴۲۷

[۴۰] همان منبع، ۵۴۹

حافظ و بازگویی (آیرونی): حد جنون جهان کجاست؟

پایان یک دور بمباران) دوستی به شما تلفن می‌زند و از حالتان می‌پرسد و شما در پاسخ او فقط می‌گویید:

ـ حال من بهتر از این نمی‌شود!

مثال دیگری را از کاربست آیرونی در یکی از مناسبت‌های اندوه بار همان سال‌ها از زندگی واقعی ذکر کنیم. در مراسم ترحیم بهرام صادقی، هوشنگ گلشیری به پشت تریبون می‌رود و خطابه‌ای را در سوگ رفیق قدیمی و همکار نویسنده خود با این جمله صریح و با صدای بلند می‌آغازد:

"خانم‌ها، آقایان، بهرام صادقی نمرده است!"

بهرام صادقی اما مرده بود و نابهنگام و زود مرده بود. شنیدن این جمله از زبان گلشیری حاضران را در بهت و سکوت فرو برد. گویی هر لحظه ممکن بود بهرام صادقی از در مسجد وارد و در مجلس ترحیم خود حاضر شود. گلشیری در این جمله آغازین بی‌آنکه متوجه باشد آموزه‌ای را از سخنور رومی کویین تیلین را به کاربرده بود: آوردن بازگویی در سخن برای شدت بخشیدن تاثیر آن در مخاطب. اما این سخن بازگویانه فقط مجلسیان را بهت‌زده نکرد. برای آنها که با داستان‌های صادقی آشنا بودند، این جمله یادآور یکی از داستان‌های شاهکار صادقی ("با کمال تاسف") نیز بود. آیرونی یا بازگویی جولانگاه یاد در زبان است؛ فضایی از بینامتنیت را در زبان می‌گشاید که بدان خواهیم پرداخت. آدم داستان "با کمال تاسف" که محض سرگرمی آگهی‌های ترحیم و خبر درگذشت آدم‌های عادی را از روزنامه‌ها با قیچی می‌برد و در آرشیوی برای خود

نگاهداری می‌کند، روزی با کمال تعجب آگهی مجلس ترحیم خود را در روزنامه می‌بیند. این آگهی شاید ناشی از یک تشابه اسمی و در اثر سهل‌انگاری حروفچین روزنامه بوده است، (آیرونی وضعیت یا ساختاری structural irony)، اما او برآشفته و خشمگین در ساعت مقرر کفش و کلاه می‌کند و راهی محل مراسم می‌شود. آنجا یکراست پشت بلندگو می‌رود و به شدت به این عمل غیرمسئولانه و غیر انسانی بانیان مجلس می‌توپد و سپس از شدت خشم و هیجان بیهوش بر زمین می‌افتد. پزشکی را بر سر جسم مدهوش او می‌آورند. آیا او در اثر غلبه احساسات و بالارفتن ناگهانی فشار خون مرده است؟ یا هنوز زنده است؟ پزشک پس از معاینات کافی در پاسخ زنده بودن او را تایید می‌کند: "چرا، چرا، البته..." اما در ادامه در باره زنده بودن یا مرده بودن آدم داستان می‌گوید:

"... ولی باز هم باید دید عقیده‌ی خودش چیست."

و داستان که سراسر در فضایی از موقعیتی آیرونیک- بازگویانه جریان داشته با چنین جمله‌ای به صورت یک بازگویی کلامی پایان می‌گیرد. پاسخ کوتاه پزشک به ظاهر جمله‌ای صریح و ساده (بی هیچ آرایه‌ی کلامی) است. در متن داستان داستان اما ما را به زیر- متن یا مجموعه‌ای از دلالت‌های ضمنی connotative داستان می‌برد. این زیر متن subtext در جریان داستان و از همان جملات آغازین آن ساخته و پرورده شده، بی آنکه نشانی از آن در رویه دلالت‌های صریح denotative متن به چشم بخورد.

بهرام صادقی را می‌توان نویسنده‌ای بازگو ironist در ادبیات معاصر ایران دانست. آنچه به عنوان "طنز" در آثار او شهرت یافته در واقع چیزی ژرف‌تر از طنز است. این ویژگی در داستان‌هایش با تاثیری یگانه‌ای که دارد از مقوله بازگویی است. گونه دیگری از بازگویی، باژگویی یا آیرونی رمانتیک romantic irony را در داستان کوتاه دیگری از بهرام صادقی با نام "عافیت" می‌توان یافت. آدم داستان که آخوند قوی هیکلی است، لخت مادرزاد، در یکی از نمره‌های حمامی خصوصی سرگرم زدودن موهای زاید بدن خود با داروی نظافت "نوره" است و هر از گاهی سر مویی را می‌کشد تا ببیند آیا مو کنده می‌شود یانه که ناگهان سروکله نویسنده داستان ظاهر می‌شود که می‌گوید: "بیچاره نمی‌داند که با این کارها داستان کوتاه آقای صادقی را کمی ناتورالیستی می‌کند"![41] این جمله را می‌توان به صورت گونه‌ای "پارابیسیس" (مداخله) بازخواند که در اینجا همانا اخلال نویسنده است در توهمی قصوی که داستان ایجاد کرده است.

نکته‌ای در اینجا در خور یادآوری است؛ اینکه، پارابیسیس parabasis یا مداخله که شلگل آن را سازمایه‌ی آیرونی (به مفهوم رمانتیک اصطلاح) می‌دانست، در اصل یونانی برمی‌گردد به آنچه گروه همسرایان در جریان نمایش و در ارتباط با ماجراهای آن می‌خواندند. این کار در واقع نوعی مداخله در جریان نمایش بود. در ادبیات روایی ایران نمی‌توان برای پارابیسیس به معنای کلاسیک یونانی کلمه معادلی یافت. می‌توان آن را به

---

[41] بهرام صادقی، *سنگر و قمقمه‌های خالی*، چ چهارم (زمان، ۲۵۳۶)

اخلال خطابی در جریانی روایی تعبیر کرد. اما گریزهای خطابی در شاهنامه را در آغاز یا در خلال پاره‌های روایی آن نمی‌توان در مقوله بازگویی به صورت پارابیسیس آنهم برای اخلال در نظم توهم قصوی fictional ماجرا گنجاند. این پاره‌ها یا گریزهای خطابی از زبان سراینده در جریان داستان اغلب مکمل و توضیح دهنده پاره‌های توصیفی روایی هستند و گونه‌ای درنگ روایت شناختی را در جریان نقل یا سیر زمان رخدادهای داستان فراهم می‌سازند.

۲

خطا بر قلم صنع

خطا بر قلم صنع

من این حروف نوشتم چنان که غیر ندانست
تو هم ز روی کرامت چنان بخوان که تو دانی

به حافظ برگردیم و به ویژگی سخن او... از میان تعابیر و توصیفاتی که تاکنون از شعر حافظ شده، تعابیری همچون خیال‌انگیز، لسان‌الغیب، گویای اسرار جادویی، پراکنده... تعبیر رندانه، برای شیوه سخن حافظ و نیز رندی در توصیف مشرب شاعرانه او، به بازگویی یا آیرونی از همه نزدیکتر می‌نماید. بر این واژه و کاربست و ناهمخوانی‌های آن با بازگویی(آیرونی) در خوانش شعر حافظ درنگی می‌کنیم.

آری، می‌توان گفت که شعر حافظ خیال‌انگیز، گویای اسرار، اثیری، جادویی است، چنانکه گفته‌اند. اما عنصر خیال را در هر شعری می‌توان یافت. هر شعری سرشته‌ای از زبان و خیال است. شعر حافظ اثیری و جادویی است، اگر از جادویی در توصیف یک شعر، "جادویی دنیوی" (سکولار) را مراد کرده باشیم. جز این اگر تصور ما باشد با متنی مقدس به جای شعر سروکارمان افتاده است! با خواندن شعر حافظ مشق ایمان نمی‌کنیم، بلکه به حظّی شعری می‌رسیم. و آری، شعر حافظ "پراکنده و پریشان" است، اما این پراکندگی که خلاف عرف غزل می‌نماید، خود از اتفاق یکی از ویژگی‌های بازگویانه شعر اوست. ابیات پراکنده غزل حافظ در یک توالی خطی یا در کلیتی "منسجم" به مفهوم بلاغی یونانی،

یا "وحدتی ارگانیک " به مفهوم مدرن نه همان معنایی را می‌رسانیدند که در این "نظم پریشان" می‌رسانند. این به اصطلاح "پراکندگی" را در خوانش شعر حافظ باید همچون شرط خوانش پذیرفت. چرا که، قالب یا ژانر غزل در رفتار حافظانه با آن خواستار تعریفی دیگر است. به این ویژگی غزل حافظانه بازهم خواهیم پرداخت.

واژه‌ی رندی، چنانکه اشاره شد، در بافتگان (کانتکست) گفتمانی (مثلا در ترجمه‌ی پرهام از ژان وال که بدان اشاره شد) برابرنهادی کم و بیش رسا برای آیرونی است. می‌توان به جای "باژگویی" مفهوم رندی را گذاشت و سخن حافظ را سخنی رندانه توصیف کرد. حافظ خود نیز رند و رندانه را در وصف سخن خود به کار برده است:

ساقیا می ده که رندی‌های حافظ فهم کرد
آصف صاحب قران جرم‌بخش عیب‌پوش

و یا بیانی دقیقتر در بیتی دیگر از "رندانه" سخن گفتن همچون ویژگی شعر خود یاد می‌کند:

همچو حافظ به رغمِ مدعیان
شعر رندانه گفتنم هوَس است

یا:

زاهد ار رندیِ حافظ نکند فهم چه شد؟

دیو بگریزد از آن قوم که قرآن خوانند

در این ابیات حافظ به زبانی استعاری از شیوه بیان خود سخن گفته است. ترکیب سخن رندانه، در اصطلاح قدما استعاره‌ای از گونه‌ی تملیحیه است. مفهوم "رندی" در اینجا خود مفهومی باژگویانه است؛ چرا که، در یک روی بر رفتاری اجتماعی یا منشی فردی دلالت دارد و در روی دیگر بیانگر طرزی از سخن است چنانکه حافظ خود این معنا را در ابیات نقل شده منظور کرده است. رندی دقیقا به چه معناست؟واژه رندی دگرشی از ریشه ی هندو اروپایی *randth*- رند به معنای راندن و دور کردن است و واژه‌های رنده و رندیدن در فارسی امروز هم از همین ریشه‌اند.[۴۲] می‌توان گفت که رندی در اصل معنایی از نفی و انکار و روی گرداندن داشته است. در معنای قاموسی، رندی رفتاری خلاف معمول را می‌رساند؛ راه ورسمی که هنجارهای اخلاقی جامعه را نمی‌پذیرد. بدین معنا، واژه‌ی رندی مترادف است با عیاری و خراباتیگری و میخوارگی و لاابالیگری که شیوه اوباش و شبگردان شهر در زمان حافظ می‌بود، کسانیکه "نه ملاحظه شرع آنها را محدود می‌کرد و نه پند و اندرز..." اما این هم بود که تهور و دهن کجی آنان دربرابر عرف زمانه گاه اقتدار حاکمان را تهدید می‌کرد؛ و در برابر، تعجب و ستایش مردم مطیع

[۴۲] نگاه کنید به علی حصوری، *حافظ از نگاهی دیگر* (نشر چشمه، ۱۳۹۵) ۱۶۲

را برمی‌انگیخت. [۴۳] پیش از حافظ سعدی به چهره دوگانه این گروه اجتماعی اشاره‌ای دارد:

به چشم عجب و تکبر نگه به خلق مکن
که دوستان خدا ممکن‌اند در اوباش

حافظ جای جای از رندی همچون شیوه‌ی زندگی دلخواه خود یاد می‌کند:

نیست در بازار عالم خوشدلی ور زان که هست
شیوه‌ی رندی و خوش باشیِ عیاران خوش است

غلام همت رندان بی سر و پایم
که هر دو کون نیرزد به چشمشان یک کاه

[۴۳] عبدالحسین زرین کوب، *از کوچه رندان* (انتشارات سخن، ۱۳۷۴) در این کتاب وصف دقیقی از شیراز زمان حافظ آمده است در فصل اول: شهر رندان

رندی در بعضی تفاسیر نام دیگر "عرفان" در شعر حافظ یا بازتاب آن در یک رفتار است و سخن رندانه برگردانی از سخن عارفانه است. باید گفت که هر دریافت معنایی عارفانه از رندی خود نشانگر ویژگی بازگویانه این مفهوم در سخن حافظ است. نسبت "رندانه" با "عارفانه" در سخن بازگویانه حافظ نیاز به بازتعریفی دارد که بدان خواهیم پرداخت. در اینجا فقط اشاره می‌کنیم که برخلاف بسامد بالای واژه‌ی رندی درهیچ جای دیوان به واژه‌ی "عرفان" برنمی‌خوریم. حافظ مگر در یک جا آنهم به معنای داننده و شناسنده (معنای قاموسی کلمه) خود را "عارف" نخوانده است:

من اگر باده خورم ور نه چه کارم با کس؟

حافظ رازخود و عارف وقت خویشم

و در معدود جاهای دیگر از "عارف" با بیانی بازگویانه و به تمسخر سخن رفته است:

عکس روی تو چو در آینه جام افتاد

عارف از خنده می در طمع خام افتاد

سرّ خدا که عارف سالک به کس نگفت
در حیرتم که باده‌فروش از کجا شنید

به آب روشن می عارفی طهارت کرد
عَلَی الصَّباح، که میخانه را زیارت کرد

مفهوم رندی آن‌گونه که در شعر حافظ پرورانده (articulate) و بیان شده مفهومی چند معناست، یا بهتر است بگوییم مفهوی معناگریز است. هرچه بیشتر بر این مفهوم در شعر حافظ درنگ کنیم، ویژگی بازگویانه آن آشکارتر می‌شود. این مفهوم را اگر بتوان به مشرب فکری یا سلوک فردی حافظ اطلاق کرد (سلوکی که او خود آن را تجویز می‌کند)، اما چندان در شناخت سخن او و تشریح فنی آن من حیث شعر دقیق و روشنگر نیست. رندی همچون مستی یک "حرکت" jesture یا شیوه‌ای معنادار از رفتاری شخصی است:

گر من از سرزنشِ مدعیان اندیشم
شیوه‌ی مستی و رندی نرود از پیشم

حال باید روشن ساخت که چگونه یک رفتار اجتماعی می‌تواند برگردانی از رفتاری ادبی با کلمات پیدا کند؟ چگونه می‌توان این دو، یکی رفتاری اجتماعی و دیگری رفتاری زبانی را به هم برگرداند و با هم یکسان پنداشت؟ حال چگونه است که خود حافظ در بیت "همچو حافظ به رغمِ مدعیان" رندانه را همچون شیوه‌ای از بیان شاعرانه به کار گرفته است (شعررندانه گفتنم هوس است)؟ در بیت دیگر، ممدوح شاعر، آصف صاحب قران، رندی شاعر را فهم می‌کند. رندی اگر فقط به معنای نوعی رفتار بود، و در بافتگان بیت یاد شده بر رفتار یا منشی خلاف عرف دلالت داشت، از جانب ممدوح مستحق نکوهش می‌بود یا چشم‌پوشی. برای ممدوح اما فضیلتی به حساب می‌آید که برخلاف مدعیان سخن رندانه حافظ را درک می‌کند. این توصیف حافظ از شیوه و طرز بیان خود با صفت رندانه، چنانکه اشاره شد، کاربستی استعاری از واژه‌ی رندی است. در تفسیر این بیان استعاری نمی‌توان به زبان استعاره سخن گفت. ملازمات صناعی طرز سخن حافظانه را به رندی و رندانه تعبیر کردن کردن نوعی ساده کردن مسئله ی این سخن است، به ویژه انکه می‌بینیم، مفاهیم رندی و عرفان در پاره‌ای حافظ‌پژوهی‌های معاصر همچون ظروفی به کار گرفته شده که مظروفی از مضامینی مبهم‌تر از خود رندی و عرفان و اغلب یکسان و تکراری در آن‌ها سرازیر شده است. آنچه را نیز در تعریف سخن شعر حافظ گفته‌اند همچون بازیگوشی، طنز آمیزی، شوخ وشی... که "راه را برای تفسیرهایی بیرون از قالب‌بندی‌های معناهای این زبان رمزی سنتی [عرفانی]

بازمی‌گذارد،[44]" جز نمودهایی از آرایه‌ی باژگویی نمی‌توان برشمرد. باژگویی با نظر به شعر حافظ نوعی عیاری در سخن‌ورزی است و با وامی از بیدل در شعر نقل شده در صدر این مقال، همان رازورزی و شوخ‌طبعی در پس نامحرمی‌های زبان است. این معنا را بیشتر می‌شکافیم.

در اینجا پرسشی پیش می‌آید؛ اینکه، آیا باژگویی، این شیوه "هوس انگیز" سخن به زعم حافظ، چیزی فهم کردنی است؟ آیا می‌توان آن را یک مفهوم دانست؟[45] پل دمان آن را نه یک مفهوم، بلکه یک نامفهوم می‌دانست، اما پیش از او و درست در نقطه‌ی مقابل او، کی یرگارد بر مفهوم بودن آیرونی در کتابش، *مفهوم آیرونی*، تاکید داشت و بر این باور بود که برای درک آیرونی باید آن را به مفهوم درآورد. ما نیز این تجویز او را به کار می‌بندیم و می‌کوشیم باژگویی (آیرونی) در شعر حافظ را به مفهوم درآوریم. از تناقض نظری یاد شده در تعریف آیرونی می‌گذریم و به یک ویژگی دیگری از باژگویی یا آیرونی اشاره می‌کنیم. آیرونی یا باژگویی نفی فهم یا به ریشخند کشیدن فهم معقول یا متعارف است. بیان به اصطلاح رندانه‌ی حافظ آکنده از این ویژگی است و حال پرسش این است که پس چگونه ممدوح حافظ آن را فهم می‌کرد؟ در پاسخ به این پرسش باید این ویژگی باژگویی را یادآوری کنیم که باژگویی به ضرورت سخنی با خواص است، روی به سوی خواص و محرمان دارد. آصف صاحب قران، ممدوح شاعر، با درک سخن رندانه حافظ

---

[44] داریوش آشوری، *عرفان و رندی در شعر حافظ* (نشر مرکز، چ.سوم، ۱۳۸۱)۳۷۱

[45] با نگاهی به سخن پیشتر ارجاع داده شده از پل دمان

خطا بر قلم صنع

جواز ورود به حلقه خواص را یافته است. اما طرفه سخنی است سخن حافظ که هم روی سوی مخاطب خاص دارد و هم سوی مخاطب عام و هر دو جماعت معنای خود را از آن در می‌یابند اگرچه مخاطب عام یحتمل که معنای دریافته خود را نتواند برزبان بیاورد.

در شعر حافظ به بازگویی در صورت‌های گوناگون آن از ساده تا پیچیده برمی‌خوریم. در اینجا به بازگویی کلامی یا واژگانی verbal irony در شعر حافظ می‌پردازیم.

به تعریفی عام و کلی جناس‌های تام ساده‌ترین و آشکار ترین نمودهای بازگویی کلامی در شعر حافظ اند. برای نمونه در تجنیس "رود" (اشک) و "رود" (رودخانه) در این بیت:

گرچه صد رود است در چشمم مدام
زنده رود باغ کاران یادباد

یا کاربست "هوا" در این بیت به دومعنا:

ما در درونِ سینه هوایی نهفته‌ایم
بر باد اگر رَوَد دلِ ما زان هوا رود

یا به صورت " هزاران" (عدد) و هزاران (بلبلان) در این بیت:

صد هزاران گل شگفت و بانگ مرغی بر نخواست
عندلیبان را چه پیش آمد، هَزاران را چه شد

اغراق‌های شاعرانه را نیز می‌توان گونه‌ای سخن باژگویانه به شمار آورد:

ز چَنگِ زهره شنیدم که صبحدم می‌گفت
غلامِ حافظِ خوش لهجه‌ی خوش آوازم

کس چو حافظ نگشاد از رخ اندیشه نقاب
تا سر زلفِ سخن را به قلم شانه زدند

در شعر حافظ باژگویی گاه با طعن و سخره در آمیخته ازین گونه:

به وقت گل شدم از توبه شراب خجل
که کس مباد زکردار ناصواب خجل

خطا بر قلم صنع

و نیز در دو بیت زیر:

من و انکار شراب این چه حکایت باشد
غالبا این قدرم عقل و کفایت باشد

فغان که نرگس جَمّاشِ شیخِ شهر امروز
نظر به دُردکشان از سرِ حقارت کرد

در شعر حافظ به گونه‌ای دیگر از بازگویی کلامی به صورت بازگویی خودکاهانه یا به اصطلاح آیرونی رادیکال radical irony نیز برمی‌خوریم که در رویه سخن تخفیف گوینده سخن و سرزنش او را باز می‌نمایاند:

صلاح کار کجا و من خراب کجا
ببین تفاوت ره ازکجاست تا به کجا

من که شب‌ها ره تقوی زده ام با دف وچنگ
این زمان سر به ره آرم چه حکایت باشد

زهد رندان نوآموخته راهی به دهی ست
من که بدنامِ جهانم چه صلاح اندیشم؟

در کنار این نمونه‌های ساده، نمونه‌ای پیچیده از باژگویی را در بیت زیر می‌توان یافت که می‌گوید:

بجز صبا و شمالم نمی‌شناسد کَس
عزیز من، که بجز باد نیست دمسازم

در این سخن نه طنزی هست و ایهامی و نه استعاره‌ای، اما باژگویی در یک واحد معناشناختی رخ داده است. در بیان سوگوار کل غزل و در این بیت به ویژه، لفظ عزیز در خطاب شاعر به خود، معنایی دیگر، معنایی باژگون یافته است، خواری و خوارافتادگی شاعر در تنهایی غربت به رغم دلالت لفظی واژه عزیز: مرا ببین که چه خوار و دور افتاده‌ام از موطن و یاران و آشنایان...

خطا بر قلم صنع

بازگویی یا آیرونی بنا به تعریف سرریزشی excess معنایی است در ترکیب الفاظ یا در یک واحد معناشناختی در سخن. در بیتی از حافظ بازگویی در شکل خودکاهانه یا رادیکال نمود یافته، اما با یک سرریزش معنایی (تشکیک در معاد و روز حساب) معنای آن از حد بازگویی خودکاهانه فراتر رفته است:

گر مسلمانی از این است که حافظ دارد

آه اگر از پی امروز بود فردایی

بی‌سبب نبود که شاعر از بیم جان پس از سرودن این بیت کفر آمیز به توصیه‌ی یاری مشفق به ناچار بیت دیگری را پیش از آن به غزل افزود:

این حدیثم چه خوش آمد که سحرگه می‌گفت

بر در میکده‌ای با دف و نی ترسایی:

گر مسلمانی از این است که حافظ دارد

آه اگر از پی امروز بود فردایی

و با این افزوده، بیت مذکور را به صـورت نقل قولی از زبان ترسـایی بر در میکده در آورد با این توجیه که نقل سـخنی کفرآمیز از زبان دیگری کفر و گناه ناقل به حساب ن می‌آید.

باژگویی را در پیچیده‌ترین صـورت آن در این بیت بحث‌انگیز حافظ می‌توان دید که می‌گوید:

پیر ما گفت خطا بر قلم صنع نرفت
آفرین بر نظر پاک خطا پوشش باد

درباره این بیت نخسـت باید گفت که باژگویی در آن صـورتی از مجادله عقلایی به خود گرفته که در فضایی دوستانه میان محرمی "پیر ما" و "من سـخنگو" در جریان است. ما برآنچه پیش از این پرسـش و پاسخ بین پیر و سـخنگوی در قالب گفت و شنود یا مجادله‌ی نظری گذشته بی‌خبریم. بیت از غزلی است با این مطلع:

صوفی ار باده به اندازه خورد نوشش باد
ور نه اندیشه‌ی این کار فراموشش باد

درباره این بیت از دیرباز و از دیدگاه‌های مختلف بسیار نوشته‌اند و نظر داده‌اند، اما هرچه بیشتر درباره‌ی آن نوشته و نظر داده شده بر " ایهام" آن افزوده شده است.[46] این بیت شگرف به گفته‌ی بهاالدین خرمشاهی، "با حقیقتی تلخ و بیانی شیرین و هاله‌ای از طنز، به اصطلاح همه را سرکار گذاشته و هنوزهم نمی‌شود مطمئن بود که مراد اصلی حافظ چیست."[47] اما یک چیز در اینجا معلوم است و با اطمینان می‌توان گفت که آنچه از ویژگی‌های این بیت خرمشاهی برمی‌شمرد (گفتن حقیقتی تلخ به بیانی شیرین با هاله‌ای از طنز) ویژگی و کارکرد باژگویی در این شعر است. سودی در تفسیر خود شرحی به تفصیل درباره این بیت آورده است:

> "من در دوران تحصیلی خود در شام از ملاحلیمی شیروانی که صاحب قصائد عجیب و تالیفات غریب است...راجع به معنای این بیت سوالاتی کردم و نیز ملامحمد امین که خواهر زاده حضرت مولانا عبدالرحمان جامی است و همچنین از صاحب‌دیوان مولانا صبوحی بدخشی...همگی فرمودند که این بیت تلمیحی است به قصه‌ی عبدالرحمن یمنی [؟] اما ملا احمد قزوینی که در شام سکنا گزیده بود و حضرت سلطان سلیمان ماهانه صد سکه برای مشارالیه وظیفه مقرر کرده بود و ملا مصلح الدین لاری که هم ملا و هم شاعر بود و شیخ حسین خوارزمی که ایشان هم ملا و شاعر بودند و در شهر آمد سکنا داشتند، نظرشان این بود که این شعر تلمیح است به قصه

---

[46] محمد استعلامی، *درس حافظ*، ج نخست (نشر سخن، ۱۳۸۲) ۳۲۶

[47] بهاالدین خرمشاهی، *حافظ حافظه‌ی ماست* (نشر قطره، ۱۳۸۲)۱۵۶

حضـرت موسـی پیغمبر که در سـوره کهف مسـطور و مذکور است. وقتی هم در بغداد از مولانا افضل الدین که از مجاورین تربت شریف حضرت علی بن ابی طالب علیه‌السلام بود سوال کردم فرمودند، من به معنای حقیقی این شعر واقف نیستم."[۴۸] (تاکید از نگارنده است.)

سودی برتلمیحات این بیت قصه عاشق شدن شیخ صنعان به دختر ترسا را نیز افزوده است، اما در متن غزل ما هیچ شـاهد و قرینه‌ای دال بر این تلمیح نمی‌یابیم. معنای حاصـل از بیت در خوانش سـوری این اسـت که اعمال انسـان‌ها، اختیاری نیسـت و هر کاری که آنان می‌کنند از پیش در دفتر قضـا و قدر ثبت شـده و به امر خداوند بوده و هر کاری که به امر خدا باشـد، عین صـواب اسـت و اگر خطایی هم از بندگان سـر زند، به قول پیر، نشـان از خطای آفریدگار عالم(قلم صنع) نمی‌دهد. نیازی اما به گفتن نیسـت که معنای شـعر کلی‌تر از این برداشـت اسـت و بیت نه به خطای بندگان که به مطلق شـّر در علم همچون نقصـی در کار صـنع اشارت دارد.

اگر بازگویی را نوعی ایهام تلقی کنیم مشـکل ایهام در این بیت از آن روسـت که به گفته‌ی خرمشـاهی، "حافظ که اسـتاد ایهام و دو پهلوگویی

[۴۸] شرح سودی برحافظ، ترجمه‌ی عصمت ستارزاده، ج دوم (نشر زرین و نگاه، چ پنجم، ۱۳۶۶) ۶۸۱ـ ۶۸۰

است کمتر ایهامی را به این باریکی و بغرنجی عرضه کرده است."[49] مضمون این بیت، چنانکه اشاره شد، مسئله یا بغرنج " شرّ " و بود یا نبود آن در عالم هستی است. پرسش این است که آیا شاعر در این بیت قایل به شرّ یا همان "خطایی" است که به صنع خداوند نسبت داده یا صنع خداوندی را مبرا از آن دانسته است؟ بیراه نیست اگر بگوییم که معمای این بیت همچنان حل ناشده باقی مانده است. مروری کوتاه در بعضی تفسیرها یا خوانش‌های دیگر ازین بیت می‌کنیم، هم در آن حال که می‌کوشیم ملازمات بازگویانه بیان آن را توضیح دهیم.

از ویژگی‌های دیگر شعر حافظ، چنانکه گفته‌اند، بیان معماگونه، تناقض‌آمیز آن است که لحن "ملایم و مکتوم" آن عناد و استهزا را در خود پنهان می‌کند و سبب می‌شود که گاهی "ظاهر شعر" را "مفهوم واقعی" آن تصور کنیم "درحالیکه شاید درست برعکس آن منظور باشد."[50] چنین است و در بیت مذکور حافظ چیزی را می‌گوید که نمی‌گوید یا نقیض آنی را می‌گوید که می‌گوید و این ویژگی سازوکار آیرونی یا بازگویی است.

آنچه گفتنی است اینکه، اگر از معدود پژوهش‌های اخیر در چهارچوب اصطلاح‌شناسی بگذریم، در تفاسیر تحلیلی از سخن حافظ ما به مفهوم بازگویی یا آیرونی برنمی‌خوریم. از میان گفته‌ها و در خوانش بعضی از

---

[49] بهاالدین خرمشاهی، "شرح یک بیت از حافظ" در *کتاب توس*، *مجموعه مقالات* (توس، ۱۳۶۲) ۳۳۲ـ۳۲۱

[50] منوچهر مرتضوی، *مقدمه بر حافظ‌شناسی* (ستوده، ۱۳۸۳) ۱۰۰

حافظ‌شناسان معاصر ازین بیت، سوای مضمون آن به ویژگی بیانی آن اشاراتی شده که نزدیک به شیوه‌ی مد نظر ما باژگویی است بی آنکه از این صناعت نامی برده شود. عباس زریاب خویی "طنز رندانه"ای را در این بیت یافته است.[51] به باور او یا باید ازین ویژگی چشم پوشید و کل بیت را سازگار با دیدگاه‌های عرفانی و دینی خواند و چنین تفسیر کرد که خطایی بر قلم صنع نرفته و در عالم هرچه هست نیکویی است؛ یا آنکه این طنز دلکش را پذیرفت و با شاعر هم صدا شد که در عالم هستی شر و ناکاستی هست و این خطا یا نقصانی در کار آفرینش آن است. عبدالحسین زرین کوب بیت مورد نظر را "عمیق"، "مرموز" و "معما گونه" می‌داند و با برشمردن این ویژگی‌ها آن " آنِ" سحر آسایی را در آن می‌بیند که "در کلام خواجه همه جا هست." و درنهایت به تناقضی که در معنای این بیت نهفته اشاره دارد: تخطئه در لفافه تحسین و انکار در نقش قبول.[52] همچنین در این تفسیرها از بیت "پیرما گفت" سوای عنصر طنز (شکوه طنز) به "اصل کذب" شاعرانه نیز اشاره شده است.

بیت "پیر ما گفت" به لحاظ بیان باژگویانه‌ی آن بیتی کلیدی است که سازوکار باژگویایی را در شکل پیچیده آن باز می‌نمایاند. بیت در غزل زیر آمده است:

صوفی ار باده به اندازه خورد نوشش باد

---

[51] عباس زریاب‌خویی، " خطا برقلم صنع نرفت" در پیر *ما* گفت، به کوشش سعید نیازی کرمانی (پاژنگ، ۱۳۷۵) ۱۱-۱۶

[52] عبدالحسین زرین‌کوب، "حافظ و قلم صنع"، در منبع پیش گفته، ۳۹-۱۶

خطا بر قلم صنع

ور نه اندیشه‌ی این کار فراموشش باد

آن که یک جرعه می از دست تواند دادن

دست با شاهد مقصود در آغوشش باد

پیر ما گفت خطا بر قلم صُنع نرفت

آفرین بر نظر پاک خطاپوشش باد

شاه ترکان سخن مدعیان می‌شنود

شرمی از مظلمه‌ی خون سیاووشش باد

گر چه از کِبر سخن با من درویش نگفت

جان فدای شکرین پسته‌ی خاموشش باد

چشمم از آینه‌داران خط و خالش گشت

لبم از بوسه‌ربایان بر و دوشش باد

نرگس مست نوازش کن مردم دارش

خون عاشق به قدح گر بخورد نوشش باد

به غلامی تو مشهور جهان شد حافظ

حلقه‌ی بندگی زلف تو در گوشش باد

در اینجا باید به ویژگی دیگری از بازگویی اشاره کنیم که وجه فارق آن با توریه است. در بازگویی برخلاف توریه dissimulation منظور گوینده در ظاهر کلام و در بازی با معانی الفاظ از سر ریا یا ترس از چشم مخاطب پنهان داشته نمی‌شود. حافظ در نفی نسبت ریا به خود از اتفاق به شیوه‌ای بازگویانه که از طعن و تسخر نیز خالی نیست، چنین می‌گوید:

گفتی از حافظ ما بوی ریا می‌آید

آفرین بر نفست باد که خوش بردی بوی

در توریه یا در " تقیه" اصل بر انکار و امحای " خود" است درحالیکه در بازگویی اصل بر اثبات زیرکانه "خود" است. در بازگویی تعارض میان ظاهر و باطن سخن یا میان گفته وناگفته، چنانکه در بیت مورد نظر در این غزل، صریح و آشکار خود می‌نماید، هم در آن حال که معاند نمی‌تواند با استناد بدان گوینده سخن را به کفرگویی متهم کند. این غزل همچون نمونه‌ای از غزل حافظانه چند مضمون را دربرمی‌گیرد. غزل را می‌توان در مجموع شرحی از آرزومندی خواند حتا آنگاه که از روزگار گله و شکایت می‌کند (شاه ترکان سخن مدعیان می‌شنود)؛ پیر را می‌ستاید (بادا که جنین باشد که او می‌گوید) و یا آنجا که به مضمونی عاشقانه گریز می‌زند:

نرگس مست نوازش کن مردم دارش

خون عاشق به قدح گر بخورد نوشش باد

هر بیت این غزل با قافیه "باد" پایان می‌گیرد: فعلی آرزویی یا دعایی (کوتاه شده‌ی "*بواد*" یا بباشد صورت التزامی فعل بودن). فعل باد فقط فعلی دعایی یا آرزویی نیست. این فعل در فارسی برای بیان نفرین و نکوهش (شرمی از مظلمه خون سیاووششش باد) هم به کار گرفته می‌شود و گاه نیز معنای آن ترکیبی از ستایش و طعن است چنانکه در این غزل (آفرین برنظر پاک خطاپوشش باد). این معنای دیگر فعل، این "تخطئه در لفافه تحسین" را در انتهای بیت نمی‌توانیم نشنیده یا ناخوانده بگذاریم. همه ضرب و آهنگ شعر در هجای بلند قافیه بازمی‌ایستد و خواستار تامل در همین معنا می‌شود. در این درنگ است که فضایی از بازگویی در هربیت و در کل غزل گشوده می‌شود. هر بازگویی درنگی را در دریافت سخن پیش می‌آورد. لحظه‌ای از زنجیره‌ی کلمات در بیت فاصله می‌گیریم تا معنای سخن را دریابیم. این درنگ آن زمانیتی است که پل دمان هم برای بازگویی و هم برای دگرگویی در "بلاغتِ زمانیت"[۵۳] طرح کرده است.

---

[۵۳] با نگاهی به پل دمان در این منبع:
Paul de Man: “The Rhetoric of Temporality” in *Blindness and Insight* (London: Routledge, 1993)

حافظ و بازگویی (آیرونی): حد جنون جهان کجاست؟

بیت بر مسئله‌ی نقص یا خطا در کارگاه آفرینش؛ وجود شرّ در نظام هستی اشارت دارد که از سرآغاز فلسفه ذهن فیلسوفان را به خود مشغول داشته و اسباب درد سر متالهان بوده است. صورت این مسئله را می‌توان از زبان آگوستین قدیس چنین خلاصه کرد که آیا پروردگار آفریننده شرّ است یا خود قربانی درمانده‌ی آن؟.. این بیت چنانکه از قول یکی از حافظ پژوهان نقل شد، ما را برسر یک دوراهی می‌گذارد. یا باید همچون متکلمان و متالهان و فیلسوفان معتقد به ذات باری بپذیریم که شرّی در عالم هستی نیست و هرچه هست خیر و نیکی است و پس به پیر حافظ باید آفرین گفت؛ یا آنکه بپذیریم شرّ در عالم هست و بر صنع خداوندی خرده بگیریم که چرا چنین است؟ اما این در بیان بازگویانه حافظ فقط یک دو راهی نیست؛ یک راهبست (آپوریا) است که به رغم کوشش متالهان یا فیلسوفان خدا باور مشکل بتوان از آن راه برون‌شُدی یافت.

متالهان بخصوص مسلمان چنان از پی اثبات بی کم و کاستی جهان قلم‌فرسایی کرده‌اند که گویی شرّ فقط در گزاره‌های منطقی وجود دارد و نمود و بودی عینی و ذاتی در جهان واقع بر آن نمی‌توان متصور شد. بیراه نیست اگر بگوییم که آنچه آنان در حل این مسئله گفته‌اند یکسر عبارت است از مقدماتی خود چیده و استنجاجاتی خودخواسته از همان مقدمات. ما می‌توانیم با خواندن تفاسیر آنان ایمان خود را تازه کنیم، اما به نظر می‌آید که عالم بی شرور فقط در همین استنتاج‌های عقلایی و منطفی ایشان است که وجود دارد. تازگی ایمان یا یقین ما به کمال صنع

چندان نمی‌پاید، آنگاه که در همان دیوان حافظ به بیت‌هایی برمی‌خوریم بیانگر وجود کژی و کاستی همچون نقصی در کار صنع:

این چه استغناست یارب وین چه قادر حکمتست
کاین همه زخم نهان هست و مجال آه نیست

یا:

آدمی در عالم خاکی نمی‌آید به دست
عالمی دیگر بباید ساخت وز نو آدمی

از کهن‌ترین تفاسیر و شاید نخستین تفسیر در دست بر این بیت از ملا جلال‌الدین دوانی از متکلمان و حکمای اواخر سده‌ی نهم و اوایل سده‌ی دهم هجری است.[۵۴] از نظر این متکلم اشعری مشرب "فاعل" صنع فقط یکی است که مبدا کمال و نیکویی هم اوست و هیچ شر و نقصانی در کارش راه ندارد، مگر انکه همچون اعتزالیون که مجوس امت‌اند قایل به دو فاعل حقیقی یکی مبدا نور و خیر و دیگری مبدا شر

[۵۴] خرمشاهی، منبع یادشده

و ظلمت باشیم. برای برون‌شُد از راه‌بستی که بیت حافظ دربرابر می‌گذارد شاید ما نیز باید به باور نیاکان مجوس و مانوی خود برگردیم که دو نیروی نور و تاریکی را در ساز و کار جهان هستی درگیر می‌دانستند!

در تفاسیر و تاویلات اخیر از این بیت گاهی هم به منطقی از "هم این و هم آن" برمی‌خوریم که قلم صنع جز بر خیر و نیکویی رقم نزده است، اما این هم هست که شر هم وجود دارد. این شر نسبی است و قلیل در برابر خیر مطلق و کثیر؛ از ضایعات کارخانه آفرینش است و همچون ضایعات هر کارخانه دیگر نافی کمال و پاکیزگی فرآورده اصلی نیست. از قول یکی از مفسران معاصر در مقام اثبات نیکویی و کمال کار جهان می‌خوانیم که این فقط "دیده‌های محدود" وقاصران در نظر و جزیی نگران هستند که در صنع الهی خطایی را می‌بینند، چرا که "اطلاع از فاعل حقیقی و احاطه برمصالح کلیه نظام عالم ندارند."[۵۵] علم و احاطه بر مصالح کلیه نظام هستی یا دست کم حظّی یا پرتوی از آن را خداوند شاید به بعضی بندگانش عنایت کرده باشد (از جمله مفسر مذکور) اما همه‌ی بندگان از جمله خود حافظ، مصداق شاعری گمراه، بعید است که از آن عنایت بهره برده باشد:

ساقیا جام میم ده که نگارنده‌ی غیب
نیست معلوم که در پرده‌ی اسرا چه کرد

[۵۵] مرتضی مطهری در *عدل الهی* و *تماشگه راز*، به نقل از خرمشاهی، منبع یاد شده

آنکه پر نقش زد این دایره ی مینایی
کس ندانست که در گردش پرگار چه کرد

از این رویکرد، سخن پیر در بیت حافظ درواقع پاسخی به این بی‌خبران از مصالح کلیه نظام هستی است و نه حکمی در باب ساز و کار آفرینش آن (صنع صانع). در متن اما هیچ قرینه‌ای بیانگر این معنا پیدا نمی‌کنیم نه در خود بیت و نه در ابیات پیش یا پس از آن. اگر چنین معنایی در شعر قصد شده بود شاعر می‌بایست سروده باشد:

پیرما گفت خطا بر قلم صنع نرفت
آفرین بر نظر پاک **خطا بینش** باد!

بدین معنا که خطایی برقلم صنع نرفته و اگر خطایی هست در نگاه قاصران و از نظر کوته بینان است و پس آفرین بر پیر ما که خطای آنان را می‌بیند و بر آن انگشت می‌گذارد!

در یکی دیگر از تفسیرهای اخیر که نمونه وار به آن اشاره می‌کنیم در پاسخ به مسئله مضمون بیت حتا چنین گفته شده که سخن پیر در این بیت بدان معناست که قلم صنع خداوندی خطای امت را ثبت نمی‌کند،

آن را به دیده نمی‌گیرد و می‌بخشاید.[56] خداوند آمرزگار مهربانی است. این پاسخ را مفسر با استناد به حدیث "رفع عن أمتي الخطأ والنسیان" طرح کرده است، اما معلوم نیست که چرا این لطف الهی فقط امت محمدی را شامل می‌شود و از میان همه بندگان فقط این امت محمد هستند که خطایشان پیشاپیش مرفوع است؟ تا آنجا به بیت حافظ برمی‌گردد این نظر آنگاه پذیرفتنی و توجیه شدنی می‌بودکه شاعر در مصرع نخست به جای "نرفت" زمان حال منفی فعل را به کار می‌گرفت: "نمی‌رود". اما در شعر می‌خوانیم که آنچه بر قلم صنع رفته در مطلق گذشته‌ای دستوری (گرامری) رخ داده است. حال پرسشی که پیش می‌آید و این پرسش بعد از خواندن اغلب این گونه تفاسیر به ذهن می‌آید، که این گذشته دستوری در زبان شعر به چه گذشته‌ای از زمان هستی برمی‌گردد؟ صنع در چه لحظه‌ای از زمان یا بی‌زمانی رخ داده است؟ آیا این مفهوم به لحظه ی آغازین آفرینش جهان برمی‌گردد، روز ازل از نگاه حافظ:

مرا روز ازل کاری به جز رندی نفرمودند
هرآن قسمت که آنجا رفت از آن افزون نخواهد شد

---

[56] مسیح بهرامیان، "خطا پوشی" در *پیرما گفت*، به کوشش سعید نیازی کرمانی (پاژنگ، ۱۳۷۵) ۹۴ـ۸۷

یا آنکه، گردش کار جهان هستی و از جمله سهو و خطای بندگان نیز در جریان زمان ناشی از گردش قلم صانع است؟ و اگر رندی یا هر خطای دیگر حافظ از همان روز ازل مقرر و مقدر شده دیگر چه نیازی به آمرزش و بخشش خداوندی است؟ رویکرد یاد شده نه تنها ایهام شعر را از آن می‌زداید، بلکه آن را دچار ابهامی هستی شناختی می‌کند و سخن را از تاثیر می‌اندازد.

در تفسیر معاصر دیگری می‌خوانیم که مصرع دوم واکنش صدای سخنگو در شعر است به سخن پیر که چیزی را می‌گوید که واضح و بدیهی و مبرهن است ودر واقع به سخره گرفتن سخن پیر است، چرا که "بیانی امربدیهی، خاصه وقتی که به عنوان یک نکته مهم یا به صورت یک کشف بیان شود طنز آفرین و انتقاد برانگیز است."[۵۷] اما می‌توان پرسید که چه اشاره‌ای به تصریح یا به تلویح در پیش و پس این بیت و در کل غزل می‌توانیم بیابیم که بیانگر یقین کامل بر بدیهی بودن کمال صنع از نظر سخنگو در شعر باشد و این معنا را متضمن شده باشد؟ اگر چنین بود چه نیازی به این مجادله با پیر در این بیت می‌بود؟چنین برداشتی درواقع تنزل دادن سخنی شعری تا حد بگو مگویی محاوره‌ای و روزمره است.

---

[۵۷] اصغر دادبه، "خطای قلم صنع در منطق شعر" در *پیرما گفت*، به کوشش سعید نیازی کرمانی (پاژنگ، ۱۳۷۵) ۹۴-۸۷

حافظ و بازگویی (آیرونی): حد جنون جهان کجاست؟

معنای ترکیب "خطاپوش" چیست؟ این ترکیب گرفته شده از مصدر پوشیدن و پوشاندن است به معنای اغماض و نادیده گرفتن و بخشودن و به همین معنا در شعر حافظ آمده است و از بخشایش به عنوان صفتی از خداوند یاد شده:

پیر دردی کش ما گرچه ندارد زر و زور

خوش عطابخش و خطاپوش خدایی دارد

به ترکیب خطاپوش به معنای زداینده و شوینده نیز در شعر حافظ برمی‌خوریم:

آبرو می‌رود ای ابر خطاپوش ببار

که به دیوان عمل نامه سیاه آمده‌ایم

در بیت "پیر ما گفت" صفت خطاپوش در زنجیره‌ی sequence واژه‌های بیت، ساختار نحوی مصرع، نه به خداوند، بلکه با شناسه‌ی ملکی سوم شخص مفرد چسبیده به آن (خطا+ پوش+ ش) به پیر برمی‌گردد و در توصیف نظر اوست. در سازوکار دلالی این ترکیب بخش فعلی آن

"پوش" ریشه حال فعل پوشیدن (پوشاندن)، بر نهان داشتن و چیزی را از برابر چشم دیگران مخفی کردن دلالت می‌کند، مثلا در این بیت حافظ که فعل به همین معنای حقیقی یا لفظی آن به کار رفته است:

چه جای صحبت نامحرم است مجلس انس؟

سرِ پیاله بپوشان که خرقه پوش آمد

یا در این بیت که در برابر " نمایاندن" آمده است:

روی رنگین را به هر کس می‌نماید همچو گل

ور بگویم بازپوشان بازپوشاند ز من

در زبان روزمره امروز نیز ما فعل "لاپوشانی کردن" را به کار می‌گیریم که به معنای کتمان یک چیز برای برملا نشدن آن است. پوشاندن یا پوشانیدن هم به معنای مجازی و هم به معنای حقیقی فعلی (گذارا) است و نیاز به مفعول دارد. باید چیزی باشد که بتوان پنهانش کرد. روی رنگینی هست که یار از چشم شاعر می‌پوشاند. پنهان کردن چیزی که نیست و نبوده است جز عملی لغو و بی‌معنا چه می‌تواند باشد؟ پس

خطایی بر قلم صنع رفته است و صفت خطاپوش هم در ساختار دلالی و هم در ساختار نحوی بیت به پیر برمی‌گردد که قصد پوشاندن آن را دارد.

مشکل این است که در تفاسیری که نمونه‌وار مرور کردیم، گاه دیده می‌شود که معنای برگرفته شده از شعر از حد و حدود زبان آن فراتر رفته است. لفظ فرو گذاشته شده تا متن یکسره به عالم معنایی روحانی و آسمانی صعود کنند. هرمعنایی به ناگزیر در قید و بند مادی زبان language-bound است و نمی‌تواند از آن فراتر رود. نمونه عامیانه و مضحک این گونه تفسیرهاست خواندن "چهارده ساله" به صورت "چهل ساله" (چهارضرب در ده) که از آن سن پیامبر اسلام به هنگام بعثت را معنا کرده‌اند در این بیت حافظ:

می دوساله و محبوب چارده ساله
همین بس است مرا صحبت صغیر و کبیر[58]

اگر در این اصل تاویل متن با هرش هم نظر باشیم که معنای meaning سخن با "فحوا"ی significance آن تفاوت دارد، [59] می‌توان گفت در

---

[58] خسرو فرشیدورد، *نقش‌آفرینی‌های حافظ* (صفی علیشاه، ۱۳۷۵) ۵

[59] با نگاهی به: E.D. Hirch, *Validity of Interpretation* (Yale University Press, 1967) 8

تفاسـیر یاد شـده در واقع ما با فحوایی از سـخن سـروکار داریم نه با معنای شعر. توضیح اینکه، از نگاه تاویلی هرش معنا آن چیزی است که در متن بازنموده می‌شود، آنچه نشانه‌ها (واژه‌ها در متن) بازمی‌نمایانند، در حالی که فحوای سخن بیانگر نسبتی است که خواننده با معنا برقرار می‌کند و در برقرارکردن این نسبت انتظارات و توقعات و پیش انگاشته‌های او دخالت دارند. این نسبت خواننده با معنا را می‌توان از زبان شمس تبریز گونه‌ای "بیان حال" مفسر دانست نه خود معنا چنانکه می‌گوید، "...هر کسی از چیزی فهم کرده است، و هر کس حال خود فهم کرده اسـت، و هر که می‌گوید از تفسـیر آن سـخن حال می‌گوید نه تفسیر."[۶۰] معنا در متن در قید زبان و دستگاه دلالی و ساختار دستوری زبان اسـت. در خوانش یا تاویل یک متن نمی‌توان حد زبان را زیرپا گذاشـت و هر معنای دلخواهی را از آن بیرون کشـید. می‌توان به جای "ارزش" به تعبیر سوسور واژه‌ی معنا را در اینجا گذاشت و گفت معنای هر واژه با واژه‌های پیرامونش سنجیده می‌شود از یکسو، و از سوی دیگر، با سازوکار دلالی آن همچون یک نشانه یا همچون یک نشانه در زنجیره‌ای از نشانه‌های دیگر در یک پاره‌ی سخن utterance. ازینروست که در خوانش متنی همچون شـعر حافظ ما معنای واژه را در واژه‌های همسـایه‌اش و در همان حال در سـازو کار دلالی خود آن واژه جسـتجو می‌کنیم. در هر تجربه شعری برای انکه ارتباط‌پذیر باشد شاعر و مخاطب و متن هرسه نقش دارند. آری، گاه اتفاق می‌افتد که معنایی، چنانکه

---

[۶۰] *مقالات شـمس تبریزی*، با تصـحیح و حواشـی محمد علی موحد، چ. چهارم (خوارزمی، ۱۳۹۱) ۲۲۴

اشاره شد، در متن شعری آزاد می‌شود که از اختیار شاعر بیرون بوده است. این ویژگی زبان شعر است- آنجاست که زبان در شعر از خود می‌گوید (و به همین دلیل است که افلاطون می‌گفت شاعران از شرح و توضیح آنچه مقصودشان بوده ناتوانند!)، اما همین ویژگی نیز در ساختار معناشناختی و نحوی سخن شعری رخ می‌دهد و به مفسر این اجازه را نمی‌دهد که هر معنایی را از شعر بیرون بکشد و یا دریافت خود را به جای معنا بنشاند. هر تخطی از حد زبان حتا در تفسیر متنی غیر شعری چنان است که بخواهیم از کتاب نبرد من هیتلر معناهایی انسان‌دوستانه و مداراجویانه بیرون بکشیم.

ممکن است گفته شود که معنای بازگویانه این شعر در تناقض با ابیات دیگری است از حافظ که در آن‌ها بر بی کم و کاستی آفرینش یقین دارد و خطا را بر قلم صنع انکار می‌کند، مثلا در این بیت که در انتسابش به حافظ البته جای شک است:

نیست در دایره یک نقطه خلاف از کم و بیش

که من این مسئله بی چون و چرا می‌بینم

یا این بیت:

خطا بر قلم صنع

هر چه هست از قامتِ ناساز بی‌اندام ماست
ور نه تشریف تو بر بالای کس کوتاه نیست

وجود چنین ابیاتی این ادعا را ثابت نمی‌کند که حافظ در همه احوال ایمانی مداوم و یقینی پایدار داشته است. در شعر حافظ ما فقط با یک حافظ روبرو نیستیم. شک و تردیدی که بیت "پیر ما گفت" از آن آکنده است را بیانگر عدول حافظ از نظرگاه اشعری و روی آوردن او به فلاسفه و اصحاب اصالت عقل (مشائیان، معتزله، شیعه) دانسته‌اند.[۶۱] هرچه باشد اما حافظ در شعر بیانیه‌ای در توضیح مشرب خود صادر نکرده است. چرا باید حق شک کردن آن هم در سخن شعری را از این وجدان بی قرار، از شاعری به نام حافظ، سلب کنیم؟ و چرا فکر نکنیم که او نیز گاهی "چوبید بر سر ایمان خویش" می‌لرزیده است؟ بر سلب این حق شک کردن در تفاسیر اهل کلام و پاره‌ای از اهل عرفان اصرار عجیبی می‌شود. می‌توان پرسید ایمانی که از ورطه‌ی شک برنگذشته و هرگز خود را به پرسش نگرفته باشد، آیا آن را می‌توان ایمانی حافظانه دانست؟ از درخت ایمان حافظ خوشه‌های ناباوری آویخته‌اند.[۶۲] در بیت زیر گفتگوهای منع شده (اینکه مبین، آن که نپرس) که جان را می‌گدازند، جز آنکه از دل شک

---

[۶۱] خرمشاهی، منبع یادشده

[۶۲] اسلامی ندوشن، منبع یادشده، ۱۳۸

حافظ و بازگویی (آیرونی): حد جنون جهان کجاست؟

برآمده و به جان یقینیات افتاده باشند، چه موجب و مضمون دیگری را می‌توان برایشان سراغ گرفت؟

گفت‌وگوهاست در این راه که جان بگدازد

هر کسی عربده‌ای این که مبین آن که مپرس

اشکال دیگری را که در بعضی تفاسیر با آن روبرو می‌شویم این است که در آن‌ها نه تنها بر گونه‌ای اقتدار معنا که بر اقتدار سراینده نیز تاکید می‌شود. در این تفاسیر ما با حافظی روبرو هستیم که همواره و در همه حالات عمر، با همه‌ی تجربه‌ها بیرونی و درونی خود، همچنان همان حافظ مانده است؛ در حالیکه در دیوان او، حاصل یک عمر، نه با یک حافظ که ما با حافظ‌ها سروکار داریم: از حافظ قیل وقال مدرسه تا مسجد و از حافظ خانقاه تا خرابات؛ حافظ در خلوت و حافظ در جلوت (در جامعه و روی در روی حوادث)؛ حافظ در اصطلاح عرفا در حالت "بسط" خاطر و فکر و حافظ در حالت "قبض" خاطر و فکر... در این‌باره ما نیازی نداریم که به این یا آن نظریه درباب سوژه یا سوژگی در متن ارجاع دهیم. در آثار حافظ‌پژوهانی چند ازین نکته سخن رفته است. حافظ همچون یک سوژگی در شعرش بی‌شک برکنار از گذشت و آفات زمان نبوده است و این

امری بدیهی است که "هیچ شاعری دیوان خود را در یک زمان و متوالیا نسروده است... ازین رو مطالب متغایر و مخالف یکدیگر در آن دیده می‌شود. گذشته ازین امر مسلم؛ شاعر، فیلسوف نیست که فقط منظومه‌ی فکری قطعی و جازم داشته باشد."[٦٣] در خوانش متن شعر حافظ دگرگون شدگی ذهنیت او را، در حالات روحی متفاوت و در ادوار زمانی مختلف یک زندگی نمی‌توان از نظر دور داشت و عقیده فلسفی منسجم و رای ثابتی را در طول زندگی به او نسبت داد.[٦٤]

می‌توان به تصور درآورد حافظ را بامدادان روزی (زمان دلخواه او) در لطافت عطرناک هوای زادگاهش که بر سرخ گلی می‌نگرد. او در آن سرخ گل هیچ نقص و کاستیی را نمی‌بیند، همه چیز همچون نقش رخ یار در آن به جا و نیکوافتاده است، کمال زیبایی یا زیبایی کمال:

خیز تا برکلک آن نقاش جان افشان کنیم
کاین همه نقش عجب در گردش پرگار داشت

---

[٦٣] علی دشتی، *کاخ ابداع* (یغما، ١٣٥٢) ١٨-١٧

[٦٤] منوچهر مرتضوی، منبع یادشده، ١٠٠

اما همین حافظ را می‌توان تصور کرد در یکی از روزهای سیاه ادوار تاریخ ایران (سده‌ی هشتم هجری) نظاره‌گر روزگار خونریز امیر مبارزالدین: شرّ مطلقی بر روی زمین با خیل قربانیان سبعیت زاهدانه او و در همان شهر شیراز...در احوالات امیر مبارزالدین در جامع التواریخ حسنی آمده است که "شمشیر بی‌محابا می‌کشید و خلایق را از میان برمی‌داشت...و بسیار بودی که در اثنای قرائت قرآن و نظر در مصحف مجید جمعی را از اوغانیان [به جرم بت‌پرستی] حاضر کردندی به دست خود ایشان را بکشتی و دست شستی و پاس مصحف به تلاوت مشغول شدی."[۶۵] چرا باید فکر کنیم که ما در این دو حال با یک حافظ روبرو هستیم؟

حافظ من‌حیث یک نام (تخلص) هم یک شخص نیست. همچون یک سوژگی برخوردگاه متن‌های گونه گون است....از قرآن گرفته تا حکمت خسروانی و یونانی، از متون اشعری و ملامتی گرفته تا اعتزالی و عرفانی و از خیام گرفته تا فردوسی... برخلاف نظر بعضی "شک کردن" در تاریخ اندیشه و ادب ایرانی هنری نیست که از رنسانس اروپایی وارد شده باشد. شک حافظ به ویژه در متون ادبی پیش از او بی‌پیشینه نبوده است. در لحظات شک او می‌توان پژواکی از شک خیامی را شنید یا این

---

[۶۵] از تاریخ عصر حافظ، تالیف قاسم غنی به نقل از سعید نیاز کرمانی "طنز مورد اعتراض" در پیر *ما گفت* (پاژنگ، ۱۳۷۵) ۱۰-۱

شک فردوسیانه را در سرآغاز سوگنامه‌ی رستم وسهراب که اگر مرگ داد است پس بیداد چیست؟..

در بیان بازگویانه بیت "پیر ما گفت" ترکیب خطاپوش در هیچ معنایی متوقف نمی‌ماند. نمی‌توان از آن به اصطلاح معنای مقدری را حاصل کرد. با آمدن واژه آفرین در سرآغاز مصرع دوم این شعر چیزی را می‌گوید که نمی‌گوید. در دو مصرع این بیت ایمان و کفر یکی مسطور و دیگری مستور به مصاف همدیگر برخاسته‌اند. مصرع دوم واکنش صدای سخنگو به قول نقل شده از پیر در واقع واکنش اوست با حفظ فاصله‌ای طعن آمیز در این رویارویی. یکی از ملازمات بازگویی فاصله‌ای است که گوینده سخن از سخن می‌گیرد. من سخن‌گو در بیت مذکور در مقام پاسخ به پیر برنمی‌آید، فقط آن را در ظاهر لفظ "تحسین" می‌کند یا درواقع به ریشخند می‌گیرد. پیر در گفته خود چیزی را نفی کرده است که در برابر، من سخنگو در شعر این نفی را نفی می‌کند. ما خوانندگان شعر می‌توانیم بر معنایی ازین پاسخ بازگویانه، بر این بازگویی، انگشت بگذاریم و استنباط کفر یا ایمان از آن بکنیم، اما مشکل بتوان در بی کرانگی دلالی این نقی در نفی در بیان بازگویانه بیت کرانه‌ای را معین کرد.

۳

حرفی از هزاران

این شرحِ بی‌نهایت، کز زلف یار گفتند
حرفیست از هزاران، کاندر عبارت آمد

بازگویی در شعر حافظ فقط آرایه‌ای در سخن نیست؛ از حد آرایه، صناعات در لفظ، فرا می‌گذارد، تا آنجا که می‌توان گفت در خوانش غزل‌های حافظ ما با گفتمانی بازگویانه در شاعرانگی سروکار داریم: در انداختن طرحی دیگر از هستی به زبان شعر...

بازگویی به یک تعریف نحوه‌ای گفتگو با دیگری است، چنانکه در گفتگوهای سقراطی بازتاب یافته است: بازگویی (آیرونی) سقراطی. حافظ در شعرش متکلم وحده نیست. در شعر حافظ نیز، گفتگویی در جریان است. حافظ یک طرف این گفتگوست. طرف دیگر گفتگو زبان است:" گفتگوهاست در این راه..." این گفتگو را ما فقط استراق سمع می‌کنیم...

بازگویی در شعر حافظ از حد یک صناعت بلاغی، آرایه‌ای در کلام، فراتر می‌رود. اگر چنین نبود یکی دانستن آن با گونه‌ای استعاره از نوع تهکمیه یا عنادیه، تجاهل العارف، ذم شبیح به مدح، کنایه و تعریض و دیگر صناعات بدیعی و بیانی ازین دست بسنده می‌نمود. در پرداختن به

حافظ و باژگویی (آیرونی): حد جنون جهان کجاست؟

باژگویی (آیرونی) در شعر حافظ ما با کارکردی ریشه‌ای تر از مجازات و استعارات سروکار داریم. باژگویی در شعر حافظ فقط در کارکرد مجازی یک لفظ یا ترکیبی لفظی متوقف نمی‌ماند، گاه می‌توان دید که باژگویی در کسوت یک عبارت یا به سخن دیگر، در یک گزاره‌ی شعری خود را نشان می‌دهد:

ساقی، مگر وظیفه‌ی حافظ، زیاده داد

کآشفته گشت، طُرّه‌ی دستارمولوی

در شعر حافظ ما با باژگویی روبروییم، اما این بدان معنا نیست که شعر حافظ سراسر باژگویانه است، مثلا در این بیت که بر تنانگی معشوق تاکید و صراحت دارد:

دل و دینم دل و دینم بِبُرده‌ست

بَر و دوشش بَر و دوشش بَر و دوش

و در این بیت هم:

لب ار ترشح می پاک کن برای خدا
که خاطرم به هزاران گنه موسوس شد

یا در این انگاره‌پردازی پیچیده، اما با بیانی سرراست و بی‌پیرایه:

عکس خِوی بر عارضش بین کآفتاب گرم رو
در هوای آن عرق تا هست هر روزش تب است

بازگویی اما ویژگی غالب سخن حافظ است و گفتمان حافظانه را در شعر برمی‌سازد. با نظر به این ویژگی است که براهنی، با وامی از روزبهان، از سخن حافظ همچون سخنی "ورای ورا" یاد می‌کند و آن را اصلی می‌داند که "هرچه حافظ می‌گوید (گفتمان شاعرانه او) از آن متابعت می‌کند."[۶۶] این ورای ورا کجا ست؟ یا به سخنی دیگر "حافظ در کجاست؟"[۶۷] پاسخ به این پرسش را می‌کوشیم در شعر حافظ همچون یک گفتمان شاعرانه بیابیم. از این رویکرد شعر حافظ نه در سیر تحول صناعی آن از پختگی تا کمال یا دگرگونی‌های زندگی‌نامه‌ای شخص شاعر از جوانی تاپیری بلکه تک تک شعرهای او در مجموع همچون

---

[۶۶] رضا براهنی، *بحران رهبری نقد ادبی و رساله حافظ* (ویراستار، ۱۳۷۵)۲۶۵

[۶۷] براهنی، منبع پیشین، ۷۴

یک اثر Oeuvre در نظر گرفته می‌شود. گفتمان شاعرانه حافظ به معنای همه آن چیزی است که خود به خود و به محض نام بردن از شعرحافظ به یاد ما می‌آید. این گفتمانی بازگو است.

با نگاهی به کی یرکه گور می‌توان گفت بازگویی کیفیتی ذاتی شعر است و نه فقط در پاره‌ای لحظات شعر، بلکه در شعر و بیان شاعرانه همیشه حاضر است. هرچه این حضور بیشتر به جلوه درآید، بیان شاعر آزادانه‌تر و شاعرانه‌تر "برفراز اثر هنری خود به جولان درمی‌آید."[۶۸] این جولان آزادانه بیان را در حافظ بیش از هر شاعر دیگری در ادب کانونی فارسی می‌بینیم. می‌توان این کیفیت بازگویانه را در شعر حافظ با وام تعبیری از شاهرخ مسکوب "خیال وارونه کردار" نامید. از نظر مسکوب زبان حافظ چند پهلو است که "... تنها از توانایی بیمانند در سخندانی و زبان‌آوری برنمی‌خیزد...این کنایه و استعاره و طنز و ایهامی که از آن برمی‌خیزد: چیزی گفتن و چیز دیگری مراد کردن و به سخن معناهای چند لایه و آشکار و پنهان دادن، ریشه در خیال وارونه کردار، خیالی رنگاررنگ دارد."[۶۹]

می‌دانیم و گفته‌اند که حافظ شاعری "اندیشه‌گر" است[۷۰] و اندیشه‌ورزی یکی از شاخص‌های گفتمان شعری حافظ است؛ چنانکه، شعر او را

68 Soren Kierkegaard, *The Concept of Irony; with Continual Reference to Socrates*, Howard V. Hong and Edna H. Hong trans. (Princeton University Press, 1989) 324

۶۹ شاهرخ مسکوب، *درکوی دوست* (خوارزمی، ۱۳۸۹)۲۷۴

۷۰ داریوش آشوری، *منبع یاد شده*، ۱۸

ادامه‌ی خردورزی ایرانی " با شیوه‌ها و ابزارهای متفاوت " خوانده‌اند.[۷۱] بی‌درنگ بر این گفته‌ها باید افزود که حافظ شاعری اندیش‌گراست، اما اندیش‌گری است که در شعر و با شعر می‌اندیشد. شعر حافظ ترکیبی از سخن‌دانی و دانایی است و اگرچه نمی‌توان این دو را در شعر حافظ از هم جدا کرد، اما باید گفت مواد کار او در اساس انگاره‌های شعری است و نه ایده‌ها. با این مواد مادی زبان حافظ با شعر نمی‌اندیشد، بلکه در شعر به "دیدار اندیشه"[۷۲] می‌رود:

کس چو حافظ نگُشاد از رخِ اندیشه نقاب

تا سرِ زلف سخن را به قلم شانه زدند

در این دیدار شاعرانه، در این گشایش، کلمات زلف دارند و اندیشه رخسار...سخن حافظ را می‌توان مصداق شعر در این گفته ی شلگل نظریه پرداز آیرونی یافت که آنگاه که اندیشیدن (در اصل فلسفه) از سخن گفتن باز می‌ایستد، شعر آغاز می‌شود...

در کارگاه خیال حافظ تابش و بازتابش حس کننده و حس اندیشه می‌تواند مثل تصویری در آینه‌های رودررو تابینهایت تکرار شود،" حس اندیشه را صید می‌کند و در قفس خود گرد می‌آورد و اندیشه حس را از

---

[۷۱] جواد طباطبایی، *زوال اندیشه‌ی سیاسی در ایران* (کویر، ۱۳۸۳) ۲۹۳

[۷۲] تعبیری از مسکوب در منبع یاد شده

قفس پرواز می‌دهد."[۷۳] این همان لطیفه نهان اما آشکار در سخن حافظ است که آرامش دوستدار با نوعی ذهنیت فلسفی سخت‌سرانه آن را در نمی‌یافت. شعر حافظ و شاعرانی همچون او ریشخندی است به آن نظر آموزگار خرد، افلاطون، که می‌گفت شاعران و از جمله هومر هرگز نمی‌توانند به قلب حقیقت اشیا راه یابند و آنچه می‌سرایند بازنمودی از نمودهای حقیقت است نه خود حقیقت.[۷۴] اندیشه‌ای اگر در شعر حافظ هست، که هست، با وامی از مسکوب بگوییم، در بیان بازگویانه اندیشیدنی است خلاف اندیشه از خیالی خلاف‌پرداز... در بیت نقل شده بازگویی به صورت غلوی شاعرانه فقط یک آرایه کلامی نیست، اشاره‌ای به بازی مدام حس و اندیشه در زبان شعر دارد. اندیشه در چنین زبانی اندیشیدنی است بازنگرنده به خود اندیشیدن، تاملی است بر تامل، و ازینروست که بیرون کشیدن هر حکمی منطقی یااستنتاجی فلسفی یا عرفانی از آن کاری بیهوده است، چراکه این اندیشیدن شاعرانه پیشاپیش اندیشیدن یا شک در خود اندیشیدن است. بازگویی گاه بیش از آنکه چیزی بگوید بیانی از سکوت است یادآور سخنی از ویتگنشتاین: سکوت در برابر آنچه نمی‌توان درباره آن چیزی گفت؛ اقرار به نافهمیدن امری فهم‌ناپذیر:

---

[۷۳] مسکوب، همان، ۱۶۳

[۷۴] افلاطون، جمهوری، کتاب دهم

حدیث از مطرب و می‌گو و راز دهر کمتر جو
که کس نگشود و نگشاید به حکمت این معما را

می‌توانیم بازگویی را خصلت زبان ادبی از هر نوع آن بدانیم در برابر زبان گفتمانی (زبان حقوق، زبان فلسفه...) که مدعی است همان را می‌گوید که می‌گوید یا همان را می‌گوید که در حد کمال مطلوب باید بگوید.[۷۵] زبان ادبی در سرشت خود بازگوست، دچار شقاق است، چرا که چه در شعر و چه در داستان جهانی برساخته از کلمات را در برابر جهان واقعی قرار می‌دهد و وانمود می‌سازد که به رغم جدایی جهان ساخته شده از کلمات عین واقعیت جهان مطابقت دارد: خوابی است (رویایی یا کابوسی) که ادعای بیداری دارد. از منظری پساساختارگرا ازین نیز می‌توان فراتر رفت و گفت که بازگویی عارضه‌ای درمان ناپذیر و گریز ناپذیر خود زبان است. زبان در سرشت خود بازگو است. تنها زبان ریاضی است که از این عارضه مصون است که در آن هر گزاره جز یک معنا یا مفهوم را نمی‌رساند. این ویژگی زبان در شعر بیش از هرمتن دیگری خود را آشکار می‌سازد. بازگویی اخلالی مدام محور درزمانی diachronic است در محور هم‌زمانی synchronic زبان که ادعای حضور بی‌واسطه معنا را در خود دارد. زبان از یکسو در شعر چیزی یا

---

[۷۵] با نگاهی به:
Northrop Frye, *Anatomy of Criticism: Four Essays* (London: Penguin, 1990) 81

چیزهایی را باز می‌گوید که از اختیار و قصد حتا خود شاعر بیرون است؛ و از سوی دیگر، هرگز آنچه را شاعر قصد و منظور کرده بازنمی‌گوید. ازین روست که شعر برای شاعر همیشه ناتمام می‌ماند: در سرایش هر شعر همیشه لغتی هست که به گفته در نیامده است:

ـ نوک زبان تو ـ

امید آمدن لغتی است

لغتی که نمی‌آید ـ یدالله رویایی

از نگاهی کلی‌تر و بازهم از رویکردی پساساختارگرا، زبان ادبی (شعر، داستان) در بنیاد خود نمی‌تواند از دایره‌ی دگرگویی allegory (تمثیل) و باژگویی (آیرونی) بیرون رود. در زبان دگرگویانه یا تمثیلی نشانه‌ها حاکی از معنا هستند؛ در حالی‌که، در باژگویی هر نشانه شقاقی در معناست. در تمثیل (به مفهوم عام در اینجا: دگرگویی در ساخت‌وسازی روایی) توهمی از زمان ایجاد می‌شود که نه بر اینجا و اکنون که همواره ناظر بر گذشته یا آینده‌ای بی‌انتهاست، در حالیکه در باژگویی تجربه سوژه (خود) از لحظات هستی در یک لحظه اتفاق می‌افتد به صورت خیالی گسسته از حال و آینده. از این نظر میان این دو ویژگی نسبتی دیگر با دو محور در زمانی و هم زمانی در زبان برقرار می‌شود. برخلاف ساختار در زمانی دگرگویی (تمثیل)، باژگویی (آیرونی) در زنجیره‌ای

معنادار از سخن شکل می‌گیرد و ساختاری هم زمانی دارد. چنین است که تمثیل بعد حکایی زبان و بازگویی بعد نمادین آن را برمی‌سازند.[۷۶] تفاوت دیوان حافظ را با مثنوی مولوی در این دو وجه بازگویانگی و دگرگویانگی (تمثیلی) زبان آنها می‌توان یافت.

از منظری ساختارگرا، در یک تعریف کلی، اگر شعر را با وامی از رومن یاکوبسن تجاوزی سازمان‌یافته به عرف زبان معمول تعریف کنیم، شعر حافظ با بیانی بازگو تجاوزی سازمان یافته به عرف زبان مفاهیم و معقولات زمانه ی شاعر است. بازیی است با آنچه که مسکوب از آن همچون "تصوراتی چون ایمان کور و تعصب نادانان که از فرط ریشه و رسوخ گویی با جسمشان در جسم ما فرو رفته..." یاد می‌کند.[۷۷] ازمنظری پساساختارگرا می‌توان گفت که شعر حافظ عرصه‌ای از آشکارگی دورویی‌ها یا بازتابی‌های خود زبان است که رسانش معنا را مدام دچار تاخیر و تفارق می‌کند؛ عرصه‌ی افشای شوخ نامحرمی زبان است به تعبیر بیدل:

ای بسا معنی که از نامحرمی‌های زبان
با همه شوخی مقیم پرده‌های راز ماند

---

[76] Paul De Man, *Blindness & Insight* (Routledge, 1996) 226

[۷۷] مسکوب، منبع یادشده، ۲۵۳

حافظ و بازگویی (آیرونی): حد جنون جهان کجاست؟

اگر رازی در سخن بازگویانه حافظ هست رازی است که راز نیست؛ پوشیدگی در عین آشکارگی است؛ سربستگی در عین گشودکی... با وام تعبیری از کی یرکه گارد می‌توان گفت سخن حافظ وانمود می‌کند که نافهمیدنی است، معمایی است، اما خواستار فهمیده شدن و حل شدن است...در بیانی بازگویانه (آیرونیک) این بازی آشکار و پنهان همچنین اقراری به شکست است؛ شکست شاعر در درافتادن با خصلت بنیادی یا خیانت زبان؛ در تقریر آنچه ورای حد تقریر است:

قلم را آن زبان نبود که سر عشق گوید باز
ورای حد تقریر است شرح آرزومندی

نقاب برکشیدن از رخسار راز آن هم به شیوه‌ای "مستانه" پیشاپیش اقراری به همین شکست است در قالب غلوی شاعرانه:

سرّ خدا که در تتق غیب منزویست
مستانه‌اش نقاب زرخسار برکشیم

در این مصاف شاعر هیچگاه برزبان فایق نمی‌آید و اثر خود را تمام و کامل نمی‌یابد. این شکست و بازگویی (آیرونی) همچون شکست در تقریر امر تقریرناپذیر را می‌توان ساخت درونی تصاویر در شعر حافظ به تعبیر براهنی دانست که گاه در شکست در رسیدن و "عدم امکان رسیدن"[۷۸] به محبوب بازتاب یافته است:

اگرچه در طلبت هم‌عنان باد شمالم
به گرد سرو خرامان قامتت نرسیدم

در ساحتی دیگر، اما بازگویی دیگر نشانی از شکست نیست. اگر این گفته فلوبر را به یاد آوریم که بازگویی (آیرونی) بیان خواستی معطوف بر غلبه برجهان است،[۷۹] طعن و ریشخند نهفته در بازگویی شعر حافظ را باید بیانگر تقلای ذهن شاعر برای غلبه بر نایکرنگی‌ها و ناسازی‌های زمانه (واقعیت امور) نیز دانست:

---

[۷۸] رضا براهنی، منبع یاد شده، ۷۹

[۷۹] به نقل از:

Jonathan Culler, *Flaubert: the uses of uncertainty* (Cornell University Press, 1974) 186

حافظ و بازگویی (آیرونی): حد جنون جهان کجاست؟

به آب روشن می‌عارفی طهارت کرد

عَلَی الصَّباح، که میخانه را زیارت کرد

نکته‌ای را باید در اینجا روشن کرد پیش از آنکه بار دیگر گریزی به مفاهیم عرفانی و رندانه بزنیم. هیچ متنی خود به خود بازگویانه نیست و شعر حافظ را هم نمی‌توان ازین قاعده مستثنا دانست، چراکه، در رویه‌ای سخن ادعای بیانی صریح و فاش دارد:

فاش می‌گویم و از گفته‌ی خود دلشادم

بنده‌ی عشقم و از هر دو جهان آزادم

هیچ متنی بازگویانه نیست، مگر آنکه ما آن را همچون متنی بازگویانه بخوانیم، در مستی کلام با شاعر شریک و دمساز شویم:

می بده تا دهمت آگی از سر قضا

که به روی که شدم عاشق و از بوی که مست

آیا خوانش ما نیز از بازگویی در شعر حافظ دریافتی از "فحوا" significance ی سخن در این شعر نیست، و نه معنای meaning آن به تعبیر هرش؟ پاسخ این است که در این خوانش دریافت ما از معنا مقید به سازو کار دلالی و نحوی و معناشناختی خود متن است و از آن بیرون نیست.

در متن شعر حافظ متن‌های دیگری و از جمله متون عرفانی جاری است،[۸۰] اما شعر حافظ هیچ یک از آنها نیست. شعر حافظ ادامه‌ای از متن‌های پیش از خود است (همه‌ی خوانده و شنیده‌های شاعر)و خود نیز در متن‌های دیگری پس از خود ادامه یافته است. از این رویکرد، برای دیوان حافظ نه آغازی می‌توان متصور شد و نه پایانی. کتابی است ناتمام... زبان در این شعر، در بیشتر لحظات نه آن را می‌گوید که می‌گوید یا باید بگوید. این نقطه آغاز بحث ما بوده است، اما آیا معانی "عرفانی" یا به به اصطلاح "رندانه" در سخن حافظ را نیز می‌توانیم با در نظر داشتن این ویژگی همان معنای "دیگر" در سازو کار بازگویی شعر حافظ بخوانیم؟ و اگر می‌توان طرز سخن حافظ را "رندانه" خواند، دیگر چه نیازی به واژه‌ی بازگویی در نامش آن هست؟ باید گفت که تاکنون انچه درباره رندی همچون شیوه سخن حافظ گفته شده در واقع برشمردن لحظاتی در سخن حافظ بوده است که اشاره به وجوهی از رندی همچون رفتاری بیرونی یا منشی درونی داشته است. باز می‌گوییم که این ذات و صفات برشمرده از رندی و رند، اما ربطی به خود سخن شاعرانه حافظ من‌حیث شعر نداشته است. اشارات و تلمیحات و مصطلحات عارفانه

---

[۸۰] نگاه کنید به بخش پیشین

یا صوفیانه را در بسیاری از شعرای سلف و خلف حافظ نیز می‌توان پیداکرد. پس تفاوت کار در کجاست؟

عرفان و رندی در تفاسیر رسمی شعر حافظ دو مفهوم کلیدی پربسامد هستند که به نحوی با هم گره خورده‌اند و گاه نمی‌توان این دو را از هم تفکیک کرد و مقصود مفسر را به روشنی دریافت. ما همواره با این پرسش ناگزیر روبروییم که رندی چیست؟ اگر رندی را بیانی از مشرب عرفانی در عمل تعریف کنیم، چنانکه کرده‌اند، با پرسش دیگری روبرو می‌شویم که خود این عرفان چیست؟ و اگر بگوییم، چنانکه گفته‌اند، حافظ "عارف" نبود "رند" بود فقط صورت مسئله را تغییر داده‌ایم که در خوانش شعر او گره‌ای از کار را باز نمی‌کند. آیا می‌توان از شعر حافظ به طور کلی خوانشی عرفانی داشت؟ حاصل کار در اغلب تفاسیر عرفانی از شعر حافظ درواقع ترجمه شعر حافظ به زبان و مصطلحات عرفانی بوده است.[۸۱] در این برگردان‌های عرفانی آنچه از محتوای شعر حافظ دریافت می‌شود در نهایت چیزی است در حد: *هم این است هم آن*، یا بیانی از کلیات بدیهی مثلا اینکه خواجه عشق را برتر از عقل می‌داند!.. به تعبیری دیگر، در این برگردان‌های عرفانی "... سرانجام معلوم نمی‌شود

---

[۸۱] رضا براهنی، منبع یادشده،۷۳

که حافظ به جبر معتقد اســت یا به اختیار یا به هیچکدام، یا نیمه‌ای از جبر و نیمه‌ای از اختیار."[82]

بیراه نیســت اگر بگوییم عرفان جعبه افزاری اســت که در اغلب تفاسیر رسمی چنان به کار رفته که گویی می‌توان با مفاهیم اندرون این جعبه همه رموز شعر حافظ را بازگشود. از رویکرد این تفاسیر در شعر حافظ نرگس نرگس نیســت، گیسو و شــراب گیسو و شــراب نیستند، بلکه به چیزی دیگر، به مفهومی یا مضمونی ارجاع می‌دهند که به قلمرو متعالی عرفان عملی یا نظری یا عاشــقانه و ذوقی تعلق دارد. از این رویکرد که خود گونه‌ای رویکردی عرفانی و ذهن‌محور اســت، ظاهر و باطنی برای سخن هست که بر اساس آن مرز حقیقت با مجاز را به راحتی می‌توان تشخیص داد. کلماتی همچون می و شمع و نرگس مجازهایی در ظاهر متن هستند که معنای حقیقی آنها نه در خود شــعر حافظ که در متون عرفانی (صوفیانه) نهفته است. پرسش این است و این پرسش به سرشت زبان و به ویژه زبان در شــعر برمی‌گردد که از شــعر همچون بازنمودی مجازی چگونه می‌توان تعریفی از حقیقت را بیرون کشید؟ چنانکه اگر استعاره را خصلت بنیادین زبان بدانیم و با یادآوری این سخن نیچه که مفاهیم در زبان جز استعاره‌هایی در زبان نیستند، حال از حقیقت همچون یک استعاره از طریق زبان چگونه تعریفی می‌توان به دست داد؟ پس می‌توانیم با اومبرتو اکو موافق باشیم که "اگر استعاره است که زبان را بنیان می‌نهد،

---

[82] یحیا یثربی "ظرایف عرفان، مشکل اساسی شارحان دیوان حافظ " در مجموعه مقالات نخســتین یاد روز حافظ، به کوشــش کورش کمالی سروستانی (بنیاد فارس شناسی، ۱۳۷۷) ۱۲۱

سخن گفتن از استعاره غیر ممکن است مگر به صورت استعاری."[۸۳] در شـعر حافظ چه نسـبتی را میان حقیقت و مجاز می‌توان معین کرد؟ حقیقت از نگاه حافظ چیسـت و مجاز کدام اسـت؟ در شـعر حافظ گاه رسـیدن از مجاز به حقیقت امری محال یا فقط یک آرزوسـت، تناقضـی حل ناشدنی است:

نقشی بر آب می‌زنم از گریه حالیا
تا کی شود قرین حقیقت مجاز من

و گاه حقیقت همچون "می" در چند قدمی است مشهود و ملموس:

خُم‌ها همه در جوش و خروشند ز مستی
وان می که در آن جاست حقیقت، نه مجاز است

---

[۸۳] اومبرتو اکو "استعاره، فلسفه و زیباشناسی" ترجمه‌ی فرهاد ساسانی در *استعاره: مبنای تفکر و ابزار زیبایی‌آفرینی* (سوره مهر، ۱۳۸۲) ۴۰

مفاهیم و مضامین عرفانی به صورت انگاره‌ها (تصاویر) یا تلمیح و اشاره، یا به تعبیر براهنی "محتواها "یی شعر حافظ، را باید "در حال تغییر شکل و استحاله و حرکت به سوی شکل" بازخواند.[84] شکل اما در تفاسیر عرفانی قربانی می‌شود تا در اقتدار محتوا مستحیل گردد. حاصل این برخورد به گفته‌ی منوچهر مرتضوی در نقد رویکردهای مذکور آن است که در بهترین حالت با دیوان حافظ "همان معامله‌ای را می‌کنند که با کتاب مدون و منظم تحقیقی باید کرد، درحالیکه پیرایه‌ها و زوائد شعری و تجلیات ذوقی و ابداعات و تخیلات شاعرانه و زبان رمزی (سمبلیک) شعرا اگر هم فکر و اندیشه را تغییر ندهد، قطعا پرده‌ای روی آن می‌کشد و اسلوب خاص بیان هیئت ظاهر و لباس آن اندیشه را آنقدر تغییر می‌دهد که غالبا موجب گمراهی می‌شود."[85]

تفاسیر عرفانی ممکن است ما را در تبارشناسی مفاهیم عرفانی (صوفیانه) به کار رفته در شعر حافظ و از جمله "رندی" همچون مشربی عرفانی یاری دهند، اما از منظری ادبی، برای معنایابی شعر حافظ باید این‌گونه تفاسیر و دریافت‌هایشان را واژگونه خواند. رندی در شعر حافظ چنانکه اشاره شد، خود مفهومی بازگویانه است. این تفاسیر را باید واژگونه خواند بدین صورت که آنچه را "باطن" در سخن حافظ خوانده اند، در جای "ظاهر" گذاشت و "ظاهری" را که در رویه‌ی سخن دیده‌اند به "باطن" سخن انتقال داد. تنها با این خوانش واژگونه است که اقتدار معنوی مدعای آن تفاسیر شکسته می‌شود و نرگس و گیسو و شمع و

---

[84] براهنی، منبع یاد شده، ۷۵

[85] منوچهر مرتضوی، مکتب حافظ: *مقدمه بر حافظ‌شناسی* (ستوده، ۱۳۸۲) ۱۰۰

ساغر به ذوات یا شیئیت شعری خود باز می‌گردند. از میان برداشت‌های فلسفی از شعر حافظ در برداشت شایگان از رندی است که می‌بینیم او به معنایی از باژگویی در سخن شعری حافظ نزدیک شده است. به تعریف او رندی "رساترین ایهام و ابهام وصف ناپذیر خصال ایرانیان" است و "افزون بر اینها رندی مستلزم استفاده از زبانی است اشاری و کنایی که در معنای اصلیش به اقوال شطحیات مانند می‌انجامد و گفتار سربسته و رعایت نوعی تقیه؛ اما به معنای غیر اصیل به لاف و گزاف تبدیل می‌شود. گاهی حتا صرف اباطیل و طامات."[۸۶] در حاشیه این نظر باید افزود که باژگویی اما شطحیات نیست، اگرچه گاه به معنای در اندیشیدن به " باطل اباطیل" جهان به مفهوم توراتی کلام است[۸۷] و به تعبیر خود حافظ اندیشیدنی است در" هیچ برهیچ جهان"، اما سخنی باطل نیست، باطل‌نما است.

درونمایه‌ی شعر حافظ را نمی‌توان" به صرف عرفانیات فروکاست."[۸۸] درباره شعر حافظ می‌توان سخن شلگل را در اینجا با دخل و تصرفی در آن چنین باز نقل کرد که این شعر آنگاه آغاز می‌شود که عرفان و تصوف از سخن گفتن باز می‌ایستند. خوانش‌های عرفانی یا بگوییم خوانش‌های معنوی در واقع " دریافت معنا" را به جای "معنا" می‌نشانند چنانکه در این سخنان داریوش شایگان می‌بینیم، "حظّ خواندن دیوان حافظ، همچنانکه قرآن بیشتر معنوی است تا عقلی. با زخمه‌های او که بی‌وقفه بر

---

[۸۶] شایگان، *منبع یادشده*، ۱۳۸ ـ ۱۳۷

[۸۷] با نگاهی به مفهوم آیرونی از نگاه کی‌یر که‌گارد

[۸۸] جواد طباطبایی، *زوال اندیشه‌ی سیاسی در ایران* (کویر، ۱۳۸۳) ۳۶۵

نهانخانه‌ی جان می‌نشـــیند، احوال مختلف روح یگانه می‌شـــود و بدین ترتیب جان پذیرای شـــنونده و فحوای رمزآمیز شـــعر لحظه‌ای از نوعی همنوایی را تجربه می‌کند که حاصلـــش حال عرفانی ویژه‌ای اســـت."[۸۹] بلاغتی که از این ســـخن می‌بارد یحتمل که اگر در یک ســـخنرانی ایراد شود، شنونده را محظوظ کند و به تحسین وادارد، اما به صورت مکتوب خواننده را دچار بهت می‌کند همراه با پرســـش‌هایی که برای او پیش می‌آورد. حظّ معنوی در برابر حظّ عقلی حاصـــل از ســـخنی دنیوی (و نه آســـمانی همچون قرآن) دقیقا چگونه حظّی اســـت؟ ویژگی "حال عرفانی" حاصـــل خواندن شـــعر حافظ در چیســـت؟عرفان به چه معنا و ربطش با تجربه خواندن یک متن شـــعری چیســـت؟.. با خواندن اغلب تفاســـیر معنوی-عرفانی از خود می‌پرسیم که پس آیا حافظ تکراری از عرفانیات است به نظم؟ چه فرقی هست میان غزل حافظ مثلا با غزلی از شـــمس الدین مغربی که قرنی پس از او می‌زیســـت؟ عرفان روحی حلول کرده در جســـمیت شـــعر حافظ نیســـت. اگر چنین بود حافظ شـــاعری به شـــدت روحانی و عمیقا ملال انگیز می‌بود وشـــعر او فقط برای ارتقای مدارج عرفانی به کار می‌آمد. اما چنین نیست و گواه این گفته هم آن است که ما همچنان حافظ را می‌خوانیم و باز می‌خوانیم.

در اینجا این پرســـش پیش می‌آید که پس بســـامد بالای اصـــطلاحات و "رموز" عرفانی در شـــعر حافظ را به چیز دیگری جز به معانی عرفانی می‌شـــود تعبیر کرد؟ یک پاســـخ این اســـت که " بی گمان این کار حافظ

---

[۸۹] شایگان، منبع یادشده، ۱۱۶

[استفاده از واژگان عرفانی] رندی دوباره است."[۹۰] اما این رندی دوباره به چه معناست؟ با یادآوری تعبیر گنگ و مبهم شایگان می‌گوییم که آن حال ویژه‌ای که از شعر حافظ به خواننده دست می‌دهد از خود عرفان نیست. عرفانی اگر در حافظ هست، این عرفان شناختی است با مذاقی از راز، شناختی از "وقت خویش" است. برای مثال در بیت زیر که مشکل بتوان معنای آن را در قالب مفاهیم رسمی عرفانی فروکاست:

من اگر بده خورم ورنه، چه کارم با کس؟
حافظ راز خود و عارف وقت خویشم

درباره عرفان در شعر حافظ گفته‌اند که این عرفان در واقع گذار از جمود و محدودیت‌های عرفان (با صبغه صوفیانه و ملامتی آن) است. رفتار حافظ را با مفاهیم عرفانی نوعی بازیگوشی رندانه او با این مفاهیم توصیف کرده‌اند بدان صورت که خطاب ظاهری کلام رو به معشوق زمینی دارد و خطاب باطنی آن رو به معشوقی ازلی و این بازیگوشی حافظ " به او این توانایی را می‌بخشد که یک بیت یا یک غزل را چنان بیاراید که آن را در دو ساحت معنایی توان خواند."[۹۱] درباره خود مشرب فکری عرفان نیز به درستی گفته‌اند که "عرفان وصله‌ای است بر

---

[۹۰] علی حصوری، *حافظ از نگاهی دیگر* (نشرچشمه، ۱۳۸۷) ۹۹

[۹۱] آشوری، منبع یاد شده، ۳۶۱

اسلام..."[۹۲] با نظر به باژگویی در شعر حافظ همچنین در اینجا ما می‌گوییم سخن حافظ واگفتی از معانی و مضامین عرفانی نیست، باژگفتی از آن معانی و مضامین است. شعر حافظ نقیضه‌ای parody بر این "وصله"ی عرفان است نه خود آن. این نقیضه کارش اعاده‌ی گوهره‌ای محسوس در مصطلح دست سوده‌ای معقول است، اعاده‌ای که متافیزیک عرفان را شاعر با فاصله‌گیری از آن به بازی و سخره می‌گیرد. چه به جاست این سخن از شلگل که در سخن حافظ مصداق پیدا می‌کند؛ این که، باژگویی(آیرونی) نقیضه‌ی نقیضه‌هاست:

مقام اصلی ما گوشه‌ی خرابات است
خداش خیر دهاد آن که این عمارت کرد

باژگویی تناقضی میان بود و نمود چیزهاست. با نگاهی به تعریف کی‌یرکه‌گارد از این مفهوم آیرونی بیانگر تناقضی است که میان ذات (معنا) essence و جهان همچون "پدیدار" phenomenon برقرار است. این تناقض را در شعر حافظ می‌توان تناقضی میان "جان " (این واژه‌ی ترجمه‌ناپذیر در شعر او) و "جهان" بخواند که بر اثر آن از "نهانخانه‌ی هر واقعیتی و پدیده‌ای، حقیقتی دیگر و گاه ناساز " آشکار می‌شود که

[۹۲] حصوری، منبع یاد شده، ۸۵

"می‌خواهد واقعیت خود را به وجود آورد."[۹۳] این واقعیت را به صورت یک "ایده" در کسوت بازگویی بنا به تعریفی از شلگل می‌توان همنهادی مطلق از برابرنهادهایی مطلق خواند به صورت گرفت و دادی مدام و خود-آفریده self-creating میان اندیشه‌ها [مفوم‌ها]یی متخالف..."[۹۴] سازوکار بازگویی همچون یک تناقض یا تخالف در تنش میان دوگانه‌هایی بازتاب دارد که شعر حافظ آکنده از آنهاست: غیبت در برابر حضور؛ هستی در برابر نیستی؛ تن در برابر روح؛ مستی در برابر هوشیاری؛ جبر در برابر اختیار؛ معنا در برابر بیمعنایی؛ نظم در برابر پریشانی؛ عرش در برابر دامگه خاک، مجاز در برابر حقیقت؛ امید در برابر ناامیدی و حیرت در برابر فکرت... این‌ها همه از واژگان خود حافظ است. بر این فهرست می‌توان دوگانه‌های دیگری نیز افزود (با برداشتی از مقوله‌بندی شلگل) که آنها را نیز در شعر حافظ می‌شود سراغ گرفت: فروبستگی در برابر گشودگی؛ ناممکن در برابر ضروری؛ ایقان در برابر شک؛ شوخ در برابر جد... اما آیا می‌توان از این دوگانه‌ها (برابرنهادها) و از تضارب آنها، آن هم در متنی شعری به "همنهاد"ی مطلق رسید؟ سرنوشت حافظ به گفته اسلامی ندوشن این است که پیوسته میان این دوگانه‌ها "در نوسان" باشد.[۹۵] ساغر و می و گل در این سخن شعری همچون مجاز و واقع(مفهوم دربرابر شیئی فی‌نفسه) از هم جدایی‌ناپذیرند. در این سخن شعری من‌حیث شعر گیسو هم نمود است

---

[۹۳] مسکوب، منبع یادشده، ۱۱۸

[۹۴] شلگل، منبع یادشده، پاره‌ی ۱۲۱ ص ۳۳

[۹۵] اسلامی ندوشن، همان منبع، ۱۳۷

هم بود. حتا در سخن از عشق هم می‌بینیم که این تجربه در شعر حافظ هم بیرونی است هم روی به درون دارد؛ و "درونگرا" است[۹۶] و هم لاهوتی است هم ناسوتی و پیش از آنکه لذتی روحانی باشد در به اصطلاح بیان رندانه " لذت جسم است."[۹۷] تجربه‌ی عشق در شعر حافظ سرکشی دو نیروی متخالف در برابر یکدیگر است: درون در برابر بیرون، تعشق همچون تجربه‌ای درونی و معشوق همچون واقعیتی بیرونی... در این تجربه، تعشق در خیال، همچون فریب، واقعی‌تر از موضوع تعشق است، چرا که دو قطب برون و درون هرگز با هم همساز نمی‌شوند: *آینه رویا، آه از دلت، آه*... اندیشیدن به عشق در بیان بازگویانه حافظ اندیشیدن به محال است، اما این محالی زیبا و جنون‌آور است. در عشق حافظانه چگونه می‌توان دو قطب متضاد فانی دربرابر باقی را از هم بازشناخت، آنگاه که شرط وجود معشوق باقی وجود عاشق فانی است؟

سایه‌ی معشوق اگر افتاد بر عاشق چه شد؟
ما به او محتاج بودیم او به ما مشتاق بود

در دوگانه‌ای دیگر، هوشیاری در برابر ناهوشیاری، به چه نقطه تعادلی همچون یک هم نهاد می‌توان رسید؟ بازگویی عرصه‌ی تنش، و تنشی

---

[۹۶] مسکوب، منبع یادشده، ۱۷۸
[۹۷] مسکوب، همان، ۱۳۰

پایدار میان دو اندیشه متناقض است، تنشی است که که فروکش نمی‌کند و همنهاد را واپس می‌راند. در دوگانه‌ی نقص در برابر کمال آفرینش در گفتگوی در گرفته میان صدای سخنگو (آفرین‌گو)ی در شعر و پیر خطاپوش به چه هم‌نهادی می‌توان رسید؟ سر برآوردن ایمانی از دل کفر یا به گفته‌ی مسکوب نوعی بخشش دوجانبه هم از جانب پروردگار هم از جانب آفریده، "گویی در این ماجرای هستی بر آفریده و آفریدگار ستم رفته که هردو با همدردی و همدلی از سر خطای هم در می‌گذرند."[98] می‌توان گفت دو قطب متناقض در این باژگویی همچون کار خود جهان گویی که هرگز با هم به جمعیت و نقطه تعادل یا آرامشی نمی‌رسند. در جهان حافظانه جمعیت تنها در پریشانی زلف یار خانه کرده است.

گفتیم که حافظ شاعر اندیشه است، اما مشکل بتوان نسبت او را با اندیشه یا خرد در تنش دوگانه‌ای دیگر، عقل/ جنون، در دوگفته‌ی متناقض زیر به مفهوم درآورد:

روان را [بخوانیم حس *وشاعرانگی را*] با خرد درهم سرشتم
وز آن تخمی که حاصل بود کشتم

[98] مسکوب، همان،۲۰۷

حرفی از هزاران

امـا در بیتی دیگر از دیوان می‌خوانیم که نوعی جنون را در برابر خرد (عقل) می‌گذارد:

خرد در زنده‌رود انداز و می‌نوش
به گلبانگ جوانان عراقی

یا در این بیت که جنون را در جایگاهی ورای مباحث معقول می‌گذارد:

مباحثی که در آن مجلس جنون می‌رفت
ورای مدرسه و قال و قیل مسئله بود

چنانکه اشـاره شـد، در دیوان ما با یک حافظ روبرو نیسـتیم. "خود" در شعر حافظ نه "من" سـخنگو، بلکه اغلب سوم شـخص مفردی است که گاه مخاطب سخن هم او ست:

میانِ عاشق و معشوق هیچ حائل نیست
تو خود حجابِ خودی حافظ از میان برخیز

این من نشانه‌ای باژگوست که به مدلولی همچون یک شخص خاص برنمی‌گردد. حتا "تخلص حافظ" نیز نام یک شخص نیست و به لحاظ نظری نمی‌توان آن را به واقعیتی زندگی‌نگاشتی (بیوگرافیک) منتسب کرد.[۹۹] این خود نه "نفس" شاعر است نه شخص شاعر به مفهوم حقوقی مدرن کلمه، بلکه برآیند یا معلولی effectی از متن است و در خود فحوای شعر جای دارد و نه بیرون از آن. اگر هم خودی به هنگام سرایش در کار بوده با پایان سرایش برای همیشه از صحنه شعر رخت بر بسته است؛ و اکنون، در زمان خوانش ما، یکی دیگر از مفردات شعری در کنار استعارات و مجازات است. این خود یا سوژگی شاعرانه است و همچون یک متن برخوردگاه متن‌های دیگر است. به تعبیری این "منِ سخنگو در شعر به تعبیر براهنی، این من "...پیش از من یا آن دیگری در کنار من یا منی ورای من است... گذری است پایان‌ناپذیر از من به سوی آن چیزی که بی‌نهایت است، وقتی می‌گوید من ملک بودم و فردوس برین جایم بود....عملا از من پیش از خود حرف می‌زند.در یک مرحله آن من ملک بوده و مکان آن فردوس بوده است: در مرحله دیگر آدم او را برداشته و به این دیر خراب‌آباد آورده است. ورای من، ملک است، ورای دیر خراب‌آباد فردوس است، حافظ هرچه می‌گوید از اصل ورای ورا متابعت می‌کند. ولی ملک و فردوس هم آن ورای نهایی نیستند. شاید به قول روزبهان روح ارواح است و شاید به قول فلوطین از آن بالاتر است، چیزی است مجرد، یک اندیشه است...صورت نوعی است...یا صورت ازلی...و شاید به قول لوی اشتروس ساختی است در پشت همه‌ی

[۹۹] به موضوع تخلص در *زنی آرایش روزگار* با تفصیل بیشتر پرداخته‌ام.

ساخت‌ها..."[۱۰۰] در اینجا می‌گوییم که این "منِ" سخنگو در شعر حافظ خود زبان است که سخن می‌گوید. این زبان فارسی است که در شعر حافظ خود را به یاد می‌آورد...

به نمودهای دیگری از باژگویی (آیرونی) بپردازیم که خطوطی از گفتمان باژگویانه شعر حافظ را ترسیم می‌کنند. باژگویی را می‌توان در نمود دیگری در طرز سخن حافظ یا گفتمان ویژه شعری او یافت که همانا سادگی در عین پیچیدگی آن است. این همان کیفیتی است که داریوش شایگان آن را "رمز آلود" می‌خواند و می‌پرسد، "چگونه است که باطنی‌ترین شاعر ایران، مردمی‌ترین نیز هست؟ چگونه می‌توان پیوند زبان رمزآلودش را با قبول عامی که او را یار غار مردم کرده است دریافت؟" [۱۰۱] ما دقیقا نمی‌دانیم مقصود این فیلسوف از "رمزآلود" چیست و آیا به معنای نمادین است؟ از سوی دیگر باید گفت که قبول عام در برابر قبول خاص اگر به معنای ارتباط‌پذیری شعر حافظ با خواننده‌ای عادی باشد، لازمه‌ی این ارتباط اطلاع از غوامض اشارات و لغات در شعر حافظ نیست، این ارتباط را می‌توان در درجه اول با نگاهی به نقش صحبت‌گشایانه function phatic (به مفهوم یاکوبسنی اصطلاح) توضیح داد. این نقش به گونه‌ای ارتباط با متن یا سخنی شنیداری برمی‌گردد که بیش از انکه "پیام" سخن اهمیت داشته باشد، نفس و خود ارتباط میان مخاطب با مبدا صدور سخن مهم است؛ همچنان است خواندن قرآن یا گوش سپردن بدان برای مردم عادی که

---

[۱۰۰] براهنی، منبع پیش‌گفته، ۲۶۵ـ۲۶۴

[۱۰۱] شایگان، منبع یادشده، ۱۱۵

عربی نمی‌دانند. این پیچیدگی در عین سادگی سخن حافظ را باید مصداق آن "آسان نمود اول ولی افتاد مشکل‌ها" دانست، "اول آدم احساس می‌کند همه چیز کف دست قرار گرفته و بعد می‌بیند نمادی که بیان کننده آن همه چیز بود در واقع رهنمون کننده به چیزهایی است در آن سوی همه چیز..."[۱۰۲] در این سخن شعری ظاهر و باطنی در کار نیست، یا بهتر است بگوییم ظاهر همان باطن است و باطن همان ظاهر. در سخن حافظ اگر رازی هست، در بیانی بازگویانه، آن راز آشکار است. چنین است که عارف و عامی آن را فهم می‌کنند.

حافظ می‌گوید:

با سرِ زلفِ تو مجموعِ پریشانی خود
کو مجالی که سراسر همه تقریر کنم؟

اگر از مفهوم بلاغی بازگویی بگذریم، بازگویی همچنین در گونه‌ای اجرا، در نوعی رفتار با ژانر یا اسالیب ادبی و هنری نیز رخ می‌نماید. بازتابی ازین کارکرد بازگویی را به صورت بازنمایی در رفتار حافظ با قالب یا ژانر "غزل" می‌بینیم: پراکنده‌گویی‌هایی که کلیتی تعریف‌ناپذیر را تعریف می‌کنند:

---

[۱۰۲] براهنی، منبع یادشده، ۲۶۴

حافظ آن ساعت که این نظمِ پریشان می‌نوشت
طایرِ فکرش به دامِ اشتیاق افتاده بود

چنین است که غزل حافظ مجموعیتی و نظمی است در عین پراکندگی و پریشانی. حافظ خود به این مفهوم متناقض "مجمع پریشانی" اشاراتی دارد:

جمع کن به احسانی حافظ پریشان را
ای شکنج گیسویت مجمع پریشانی

این ویژگی را از زمان خود حافظ تا کنون کسانی نقصی در طرز غزل او قلمداد کرده‌اند. حتا اگر بپذیریم که پیشینیان تعریف دقیقی از ساخت غزل داشته‌اند، پرسش این است که آیا این ساخت یا اسلوب تعریف شده از غزل معتبرتر است یا غزل حافظ همچون اسلوبی دیگر از غزل ؟ این ایرادگیری به غزل حافظ را می‌توان از نوع آن ایرادهایی دانست که بر شعر گوته و سهل‌انگاری‌های او در کاربست وزن می‌گرفته‌اند که شلگل در این‌باره می‌گوید، "...پس آیا باید معیار وزن شش رکنی[۱۰۳] در شعر

[۱۰۳] در اصل hexameter

آلمانی را به همان انسجام و اعتبار کیفیت خود شعر گوته دانست؟"[۱۰۴] می‌توان چنین گفت که غزل حافظ غزل عاشقانه با وحدت موضوعی در آن گونه غزل نیست. استثایی هم بر آن گونه از غزل نیست، بلکه خود قاعده دیگری را در سرایش غزل پیش گذاشته است.

شایگان فرم غزل حافظ را به غنچه‌ای در حال شکفتن تشبیه می‌کند و بیان می‌دارد که در این نوع خاص غزل، جهان در تسلسلی از ایده‌ها (بخوانیم گزاره‌های شعری) بازنموده نمی‌شود، "...بلکه گویی به سان غنچه‌ای در آستانه شکوفایی است."[۱۰۵] مرکز این شکوفایی یا صدور سخن را شایگان قلب یا دل همچون بارگاه و "عرش الهی" می‌داند. اما آیا می‌توان آغازگاه یا مبدا حرکتی را برای این شکوفایی (آشکارگی) در استعاره "دل" یافت؟... دل در شعر حافظ برخلاف نگاه شایگان، به تصریح خود حافظ "بی‌حفاظ"تر از آن است که به چنان قرب و جایگاهی استعلایی برسد. در دستگاه دلالی شعر حافظ "دل" نیز دالی است همچون دیگر دال‌ها و در چین ملموس طره‌ی دلدار گرفتارتر از آن است که آغاز (و انجامی را نیز) برای کار خود به یادآورد:

در چینِ طره‌ی تو دل بی حفاظ من
هرگز نگفت مسکن مألوف یاد باد

[104] Friedrich Schlegel, *Critical Fragments* ,fr. 6 (143)

[۱۰۵] شایگان، همان منبع، ۱۱۶

این ناهماهنگی مضمونی ابیات یا آمدن مضامینی در قالب بیت‌ها آن هم نه در یک توالی خطی در غزل حافظ را می‌توان با اجرای الیوت در سرزمین هرز مقایسه کرد: آوردن پاره‌هایی با تفاوت مضمونی thematic و حتا زبانی به موازات هم که آن را اجرایی بازگویانه از وحدت در عین تکثر دانسته‌اند. غزل پریشان حافظ را می‌توان نسخه کلامی verbal نقش اسلیمی در هنر تصویری دانست، اما به صورتی واژگون. بدین معنا که، اگر در اسلیمی خط اصلی در حرکتی مارپیچ به سوی کانونی فرضی در حرکت است، در غزل حافظ این حرکت دوار از مرکزی نامتعین آغاز و از آن نقطه به سمت محیطی تعین‌ناپذیر گشوده می‌شود: کلافی گشایان از کلمات... برای این حرکت آغاز و انجامی در مطلع و بیت تخلص نمی‌توان پیداکرد. تخلص و مطلع را می‌توان در توالی ابیات جابه جا کرد به طوریکه بدان کلیت تعریف ناپذیر چندان خدشه‌ای وارد نشود. در شعر حافظ بازگویی را نمونشی بازگون حتا در رفتار با غزل می‌بینیم: بازگویی اسلیمی arabesque سخن است (شلگل).[۱۰۶]

دیگریت بازگویی در شعر حافظ جایی ورای سخن است. این دیگریت را نمی‌توان فقط در چهارچوبی بلاغی و در تعارض ظاهر با باطن سخن شرح داد. هر استعاره‌ای یا مجازی حاوی این تعارض معنایی است. بازگویی گفتن از درون از چیزی است ورای درون ؛ گفتن در زبان است اما از چیزی ورای زبان...بیانی از بی‌کرانگی است در تجربه‌ای کرانمند؛ ممکنی در محال:

[۱۰۶] به نقل از دمان:"مفهوم آیرونی"، در منبع یاد شده

حافظ و بازگویی (آیرونی): حد جنون جهان کجاست؟

خیال حوصله بحر می‌پزد هیهات
چه‌هاست در سر این قطره‌ی محال‌اندیش

حافظ شاعر اندیشه است و اندیشه در شعرش اندیشیدنی است در کار جهان، در آنچه او خود به "معمای جهان" تعبیر می‌کند. در بیانی بازگویانه با وام تعبیری از شــلگل، این اندیشــیدن ســعی در فهم چیزی است نافهمیدنی... بیانی ازین اندیشیدن به امر نااندیشیدنی بیانی از حیرت در شعر حافظ است. از این روست که می‌توان دیالکتیک بازگویی در شعر حافظ را دیالکتیکی از حیرت نامید:

دل چو پرگار به هرسو دورانی می‌کرد
و اندر آن دایره سرگشته‌ی پابرجابود

گفتن از حیرت است از درون حیرت:

از هر طرفی که گوش کردم
آواز سؤال حیرت آمد
شد مُنهزم از کمال عزت

آن را که جلال حیرت آمد
سر تا قدمِ وجودِ حافظ
در عشق، نهال حیرت آمد

"حیرت" را در سخن حافظ البته می‌توان با ساده کردن مسئله، از دریچه نگاه شاعری مدرن همچون شاملو در اثر ظلماتی عمیق حاکم بر دنیای حافظ دانست که او در آن "سرگردان مادرزاد" بوده است، "... او سرگردان مادر زاد ظلماتی عمیق است که از هیچ روزنی آفتاب بر آفاق اش نمی‌تابد و حتا هیچ کورسو چراغی به دستش نمی‌دهد، امکان تصور دنیایی بر مبنای قوانین علمی...همچون امکان تصور روشنایی و آفتاب است در ذهن کور مادرزادی که هرگز کسی با او از نور و آفتاب و احساس شگفت دیدن سخنی به میان نیاورده و لاجرم نه از آن توهمی می‌تواند داشت و نه حتا برای چنان توهمی نامی."[۱۰۷] فقط با ایقانی مدرن و ستیهنده در همه‌ی زمینه‌هاست که می‌توان اینگونه از ناتوانی گذشتگان حتا در نامیدن توهم خودشان سخن گفت. توهمی را که نتوان نامید دیگر توهم نیست. شاید به زعم شاعر معاصر این توهم نوعی "آگاهی کاذب" باشد در مقایسه با آگاهی صادق که او در زمان کنونی از آن بهره‌ور است. از جایگاه سوژه مدرن پس از دکارت نمی‌توان طلبکار سوژه‌ای در قرون وسطای تاریخ ایران شد و بر آن خرده گرفت و این

---

[۱۰۷] احمد شاملو، *حافظ شیراز*، مقدمه (مروارید، ۱۴۰۰) ۱۰

سخن زمانپریشانه را گفت که "شناخت حافظ از جهان شناختی علمی نبوده است."[۱۰۸] این تکرار همان اشتباهی است که شاملو زمانی در برخورد شفاهیش با شاهنامه و سراینده آن کرده بود. آری امروز ما دیوانگان را برخلاف عصر حافظ در بند نگاه نمی‌داریم و از کالبد مصروعان به کمک اوراد و غزایم "جن" بیرون نمی‌کشیم. در داوری شاملو اگر مادرزادی را به معنای جبری تاریخی بگیریم، معلوم نیست چگونه روزنی از آفتاب و از کجا بر آفاق دانایی عصر ما تابیدن گرفته که در روشنایی آن جهان و معمای آن را بر "مبنای قوانین علمی" برای شاملو یکسره و برای همیشه حل نموده است؟ عصر حافظ ادامه‌ی عصری ظلمانی در تاریخ ایران بوده است. مسئله اما این است، و سخن بر سر این است، که بازگویی در شعر حافظ فرارفت یا خواست به فرارفتی را از آفاق ظلمانی این عصر بازمی‌نماید. ذهنیت ایرانی در طول زمان ذهنیت بهیمه‌ای فاقد اندیشیدن بازتابی (انعکاسیreflexive) نبوده است. حتا رندی را در شعر حافظ چرا نتوان نه صرف رفتاری منفعلانه و خوشباشانه که کنشی آگاهانه دربرابر عرفی تحمیل شده مفهوم کرد؟ رندی را در حافظ همچون رفتاری نه به روال و عرف معمول می‌توان در دو حرکت نمادین دید، چنانکه در شعرش بیان شده است: نوشیدن باده ترس محتسب خورده در نهان؛ می دلیر نوشیدن در میکده‌ی مغان...

حیرت در شعر حافظ برآیندی از تقابل دو وسوسه، یا دو نیروی درون و بیرون، خود و جهان یا معنا و بی‌معنایی است:

---

[۱۰۸] شاملو، همان، ۹

چو هر خبر که شنیدم رهی به حیرت داشت

ازین سپس من و ساقی و وضع بی‌خبری

حیرت در برابر فکرت به عنوان یک وضعیت هستیانه در شعر حافظ سوی دیگر جنون است، اما جنونی که به تعبیر مسکوب به معنای "عقل باختگی" نیست، بلکه به معنی فرا گذشتن از "عقل" است. با نگاهی به پل دمان می‌توان گفت که بازگویی به مفهوم "مطلق"، و در اینجا در شعر حافظ، هوشیاریِ این جنون است، هوشیاری ناهوشیاری است. سخن‌گوی بازگو خودی را از خود می‌نمایاند که دیوانه است، اما نمی‌داند که دیوانه است. ازینرو بازگویی گفتن از جنون از درون جنون است.[۱۰۹] در این گفتن از جنون از درون جنون ما با بیان تجربه‌ای کرانمند از چیزی ناکرانمند (به تعریف دیگری از بازگویی) روبرو می‌شویم، به‌ویژه آنجا که سخن از عشق و زیبایی می‌رود، مطلقی آرزو شده در شعر حافظ اما با دو نام. بر این لطیفه‌ی سخن حافظ مسکوب می‌نویسد، "...به راستی هم اگر دیوانگی دگرگونی اندیشه و عاطفه، پاشیدگی خود سامان دهنده و گم شدن خویش آدمی در وادی ناپیدا ومه آلود ناخودآگاهی باشد، عاشقان [عاشقان زیبایی] دیوانه‌اند. نه تنها به خود نمی‌اندیشند، بلکه

---

[۱۰۹] با نگاهی به پل دمان در
"The Rhetoric of Temporality" in *Blindness and Insight*, 216

اندیشـــیدن به خود یا اندیشــه خود را در یاد و هوش گم کرده‌اند و چون خود را در خود از دست داده‌اند از خود بیگانه‌اند، مجنونند!"[۱۱۰]

گفتم آه از دل دیوانه‌ی حافظ بی تو
زیرلب خنده‌زنان گفت که دیوانه کیست؟

بازگویی حـافظـانه، به رغم لحن طرب‌انگیز گهگـاهیش در لحظـاتی از شعر، اما در اساس بیانی سوگمند است، چنانکه در وصفی از جنون خود در این بیت:

مگر دیوانه خواهم شد در این سودا که شب تا روز
سخن با ماه می‌گویم، پری در خواب می‌بینم

مســتی نیز حالتی از جنون اســت. مســتی اگرچه گریزی به ســرخوشــی و بی‌خبری است، و در این شکی نیست:

---

[۱۱۰] مسکوب، منبع یادشده، ۱۱۸

ز باده هیچت اگر نیست، این نه بس که تو را
دمی ز وسوسه‌ی عقل بی‌خبر دارد؟

اما دمی فراغت از عقل است و سعی وسوسه‌انگیز و بیهوده‌اش در فهم آنچه فهم‌ناپذیر است: هستی و مرگ. به بیانی باژگویانه مستی هشیاریِ ناهوشیاری است:

اگر نه باده غمِ دل ز یاد ما ببرد
نهیب حادثه بنیاد ما ز جا ببرد
اگر نه عقل به مستی فروکشد لنگر
چگونه کشتی از این ورطه‌ی بلا ببرد
...

۴

تابوتی از چوب سرو

تابوتی از چوب سرو

گه چون نسیم با گل راز نهفته گفتن

گه سر عشقبازی از بلبلان شنیدن

گفتمان بازگویانه حافظ را در مقاطع خرد آن، در انگاره‌پردازی‌های شعر حافظ، در اینجا بازمی‌خوانیم.

بازگویی حافظ نه فقط در رفتار با معقولات که در رفتار او با محسوسات، با استعارات و مجازات نیز رخ می‌نماید. گفتیم که بازگویی به کوتاه‌ترین تعریف گفتن چیزی و مراد کردن چیزی دیگر است. با این تعریف، بازگویی (آیرونی) آیا هر بیانی استعاری یا مجازی را نیز در سخن دربرنمی‌گیرد؟ آیا استعاره یا مجاز همچون ساختارهایی برای بیان معنایی دیگر، معنایی غیر از معنای لفظی واژه، بازگویی نیستند؟ با یک تعریف کلی و تا آنجا که به ماهیت زبان برمی‌گردد، این ساختارها را نیز می‌توان گونه‌ای بازگویی دانست. اما تفاوت در چیست آنگاه که به ویژه استعاره به صورت بازگویی درمی‌آید، استعاره آنگاه که فقط یک آرایه سخن نیست؟ استعاره را با بیانی بازگویانه در چه لحظاتی از شعر حافظ می‌توان یافت؟

حافظ و باژگویی (آیرونی): حد جنون جهان کجاست؟

ما در اینجا فرق می‌گذاریم میان معنای "دیگر"ی که استعاره می‌رساند و "دیگریت" معنایی که قالب باژگویی پیش می‌نهد. این دیگریت معنایی را، چنانکه شرح داده شد، نمی‌توان با برابر نهادن ظاهر و باطن کلام (حقیقی دربرابر مجازی) بازیافت. این دیگریت در باژگویی اگر بتوان آن را معنا خواند، معنای معناست[۱۱۱] که معنای مقدر سخن را، به تعلیق می‌افکند؛ نقض یا نسخ می‌کند یا به سخره می‌گیرد. باژگویی برخلاف استعاره تعارضی مدام است میان لفظ و معنا. در سازوکار استعاره چشم یار همانندی‌ای با نرگس دارد و پس نرگس به جای چشم می‌نشیند. در سازوکار باژگویی فقط یک معنا (همانندی) در مقایسه‌ی نرگس و چشم به دست نمی‌آید. آن رویکردهای تفسیری که، معنایی مقدر و یکه‌ای را از استعارات شعر حافظ، بیرون می‌کشند، آن هم در سازوکار دوگانه‌ی ظاهر/باطن، حقیقت/مجاز، شعر حافظ را برخلاف ادعایشان به عرصه‌ای از تک معنایی تبعید می‌کنند. در این گونه خوانش شراب در شعر حافظ نه شراب انگوری که یک "معنا" است. در حالیکه بیان باژگویانه در شعر حافظ گونه‌گونی شراب را همچون یک "نمود" در برابر "بود" آن به صورت شراب واقعی می‌گذارد و اقتدار معنای واحد را در استعاره شراب درهم می‌شکند. نقش باده در پیمانه نه یک نقش که نقش‌هاست:

---

[۱۱۱] تعبیری از شاهرخ مسکوب

ساقی به چند رنگ، می اندر پیاله ریخت

این نقش‌ها نگر، که چه خوش در کدو ببست

در مجاز، و در ســـاختاری از مجاز همچون باژگویی معنا نه فقط بیان علاقه‌ای به ظاهر متضاد میان دوچیز یا دو امر، که طرح افکندن نسبتی به کلی دیگر میان این دو است، مثلاً در بیت زیر میان دیر و خرابات، یا در واقع میان آلودگی و پاکی:

شست‌وشویی کن و آنگه به خرابات خرام

تا نگردد زتو این دیر خراب آلوده

باژگویی امکانی مضــاعف و مزید را برای اســتعاره و مجاز در معنادهی فراهم می‌ســازد. در متن باژگوی شــعر حافظ حتا " خدا " هم یک "معنا" نیست؛ یک راز است و فقط شــاید این پیر مغان اســت که توان گشــودن این راز را دارد، و چرا از میان سرهای دیگر "سرّ" خدا در سر "پیر مغان" هم باید باشد؟ این پیر چه تفاوتی با دیگران دارد؟

گر پیر مغان مرشد من شد چه تفاوت

در هیچ سری نیست که سرّی ز خدا نیست

در اینجا اشاره‌ای به چند معنایی، یا به سخن دیگر، تعین‌ناپذیری معناِ در شعر حافظ در رفتار با استعاره برای بیان محسوسات ضروری است، مثلا در انگاره‌پردازی خلاقانه و بدیع او در این بیت:

مهرتو عکسی برما نیفکند

آینه رویا، آه از دلت، آه

می‌توان این بیت را به نثر برگرداند و آن را به گفته‌ی براهنی چنین معنا کرد: "ای معبود، ای معشوق، ای خدا، تو به من لطفی نکردی، حیف از آن زیبایی تو، از آن آینه روی بودن تو، که به من هیچ توجه نکردی که من هم از تو یک عکسی گرفته باشم، تا از تو در من انعکاسی حاصل شده باشد..." اما در این برگردان تکثر معنایی شعر از دست رفته است و مهمتر اینکه، "اگر غرض این است [یافتن معنایی که شعر در برگردان به نثر افاده می‌کند] خوب! دو هزار نفر دیگر هم این را گفته‌اند..."[۱۱۲] در این برگردان به نثر ما محتوایی را از شعر بیرون کشیده‌ایم به صورت یک معنا، در حالیکه و باز هم به تعبیر براهنی، ویژگی سخن حافظ

[۱۱۲] براهنی، منبع یادشده...۸۲

جدایی‌ناپذیری محتوا از شکل (فرم) آن است. این جدایی‌ناپذیر ی شکل و محتوا برآمدی از رابطه‌ای است که حافظ میان انگاره‌های "عکس"، "آینه رویا" و "دل" در کنار دیگر مفردات شعر در مجال تنگ این بیت برقرار کرده است.

این رابطه همچون رشته‌ای از معانی هرگز به نثر در نمی‌آید. سازوکار بازگویی در قالب استعارات شعر حافظ آنگاه نمودار می‌شود که استعاره‌ها دیگر استعاره نیستند و به نماد میل می‌کنند. در این دگردیسی دیگر فقط رابطه‌ای از همانندی اساس ساختار آنها را تشکیل نمی‌دهد. نماد و بازگویی همچون صناعتی در کلام وجه اشتراکی دارند که به گفته گادامر در هم کنش پیچیده‌ای از نشان دادن و پنهان نمودن است.[۱۱۳] در شعر حافظ با دگردیسی، سرو و می و گیسو و جام به نماد ما به سرریزشی از معنا روبروییم که در عین آشکارگی آن را پنهان می‌کنند. این سرریزش معنایی به صورت بازگویی همه آن تاریخی است که بر این نشانه‌های نمادین زبان شعر گذشته و در پس کسوت استعاری آنها پنهان مانده بوده است. معنای سخن بازگویانه حافظ را در این تاریخیت است که می‌توان بازخواند، یا به تعبیری دیگر در آنچه براهنی از آن همچون "ودایع موروثی الفاظ" یاد می‌کند، "حافظ، حافظه‌ی مشترک ودایع

---

[113] Hans-Georg Gadamer: “The Relevance of the Beautiful...” in *The Relevance of the Beautiful and other Essays*, Robert Bernasconi ed. and Nicholas Walker trans. (Cambridge University Press, 1986) 33

موروثی ماست."^۱۱۴ این همه‌ی یکتایی سخن حافظ و آن "آن"ی است در این سخن که به زبانی دیگر در نمی‌آید؛ ترجمه‌ناپذیر است. برای خود این واژه‌ی "آن" چه برابر نهاده‌ای مثلا به زبان انگلیسی می‌توان پیدا کرد؟

شاهد آن نیست که مویی و میانی دارد

بنده‌ی طلعت آن باش که آنی دارد

می‌توان گفت و به جرئت گفت که در شعر حافظ بعد از فردوسی بیش از هر شعردیگری در ادب کانونی ایران، تاریخ (گذشته) حضور دارد. این سخن بدان معنا نیست که حافظ (چنانکه گفته‌اند) در شعرش "آینه‌دار تاریخ"^۱۱۵ است، یا آنکه به مفهومی نازل و امروزین حافظ شاعری سیاسی بوده است. این حضور تاریخ یا اشعار و حتا دغدغه‌ی گذشته را می‌توان تاریخیت شعر حافظ نامید. برای فهم شعر حافظ همچون هر شاعر دیگری اگر چه "بستر تاریخی"^۱۱۶ آن سودمند است، اما تاریخیت در شعر حافظ بازتاب رویدادهای زمانه و زندگی او در شعر نیست. این تاریخیت فقط به آن بیت‌هایی برنمی‌گردد که مضمونی "سیاسی و

---

۱۱۴ براهنی، همان، ۲۶۲
۱۱۵ "آینه دار تاریخ" تعبیری از حصوری، منبع یاد شده، ۳۱
۱۱۶ تعبیر دیگری از حصوری، همانجا

اجتماعی" دارند و "در مبارزه با ریا و فریب..."[117] سروده شده‌اند. این تاریخیت کل تاریخ ایران است که حافظ در سخن خود فشرده کرده و "به صورت قطرات بیت بیرون داده است...اگر معمایی در حافظ باشد، همان معمای قوم ایرانی است...کلمات برگزیده او نه تنها معنی موجود خود را دارند، بلکه قطار سلسله معانی آنها تا سپیده‌دم تاریخ ایران پیش می‌رود."[118] این گفته ارسطو در فصل نهم بوطیقا را در بیان تفاوت شعر با تاریخ در اینجا باید یادآوری کرد که اگر تمامی تاریخ هرودوت را به نظم درآوریم شعر نخواهیم داشت. در اینجا و درباره شاهنامه و شعر حافظ هم می‌توان گفته‌ی ارسطو را واژگون کرد و گفت اگر هر دو متن را نیز به نثر برگردانیم، چیزی به صورت تاریخ به دست نخواهیم آورد. تاریخیت مد نظر ما با وام تعبیری از الیوت "حسی از تاریخ" است که شعر حافظ مشحون از آن است:

قدح به شرط ادب گیر زان که ترکیبش

ز کاسه‌ی سرِ جمشید و بهمن است و قباد

---

[117] محمد استعلامی، درس حافظ، ج نخست (سخن، ۱۳۸۲) ۶۷
[118] اسلامی ندوشن، منبع یاد شده، ۲۲۵

این حس تاریخی به تعریف الیوت دریافت شاعر از معاصریت خود و همچنین اشعار به گذشته و حضور هر دو دریافت همزمان در سخن اوست. این حضوری هم زمانمند temporal و هم بی‌زمان است.[۱۱۹]

ز حسرت لب شیرین هنوز می‌بینم
که لاله می‌دمد از خون دیده‌ی فرهاد

این وقوف دوگانه به گذشته و حال و جلوه‌ای از هر دو درکنار هم را در شعر حافظ شاهرخ مسکوب چنین شرح می‌دهد که "...حافظ فرزند زمان خود بود و با قرآنی که در سینه داشت و اساطیر و حکمتی سامی در عالم مسلمانی به سر می‌برد و عرفان چون تاروپودی خودآگاهی و دانایی او را به هم می‌پیوست و جهان‌بینی او را هستی می‌بخشید. ولی بر زمین این جهان‌بینی گیاه اندیشه‌های کهن بومی پیوسته سر می‌کشید و از این همه طبیعتی دلنواز و هماهنگ پدید می‌آورد. عرفان، این دلفریبان نباتی را که در ناخودآگاه شاعر گل می‌کردند و با زبان شاعر رنگ‌وبویی تازه می‌گرفتند، آبیاری می‌کرد."[۱۲۰]

[119] T. S. Eliot, “Tradition and the Individual Talent,” *Selected Essays* (London: Faber, 1951), 15.

[۱۲۰] شاهرخ مسکوب، همان منبع، ۴۳

تاریخ در سخن حافظانه نه به صورت تاریخ که به صورت بن‌مایه‌هایی از تاریخ، تاریخ ایران، است که آشکار می‌شود. آری، در شعر حافظ می‌توان به لحظاتی برخورد که به رویدادهای عصری شاعر اشاره دارند:

شاه ترکان سخن مدعیان می‌شنود
شرمی از مظلمه‌ی خون سیاووشش باد

یا این بیت معروف:

در میخانه ببستند خدایا مپسند
که در خانه‌ی تزویر و ریا بگشایند

این هر دو بیت اگرچه به واقعه‌ای در زمانه خود شاعر اشاره دارند، اما از یک واقعه‌ی مشخص و زمانمند و تکرارناشدنی تاریخی حکایت نمی‌کنند. در چه زمانی در میخانه‌ها را بسته‌اند؟ شاه ترکان در کجا و در چه زمانی سخن مدعیان را شنیده است؟ در این دو بیت رخداد فقط یکبار و برای همیشه اتفاق نیفتاده است، بلکه با هر بار خوانده شدن شعر اتفاق می‌افتد. این دو رخداد یا به سخنی دقیقتر و فنی‌تر، این دو نارخداد، در دو بیت یاد شده از جنس همان نارخداد شکست ایرانیان در جنگ با اعراب در شنزارهای بین‌النهرین در روایت شاهنامه است.

نمی‌توان آن را با شاخصه‌های زمانی و مکانی تاریخنگاری به اصطلاح علمی اندازه‌گیری کرد و صحت و سقمی برای جزئیات آن متصور شد. حتا آدمها با نام‌های خاص درگیر در این رخدادها نه انسان‌های تک و مشخص تاریخی یا به تعبیر مسکوب، "فرد اجتماعی" که "انسان" به مفهوم جهانی‌اند.[۱۲۱] باز هم به گفته مسکوب، حتا از ممدوحان نیز حافظ در همه جا به نام یاد نمی‌کند.این ممدوحان در اصطلاح نام‌های "خاص" نیستند، مثلا اشاره به شاه شجاع در این بیت:

سحرم دولت دیدار به بالین آمد
گفت برخیز که آن خسرو شیرین آمد

نکته دیگر که باید بر آن تاکید کرد این است که اگر روایت فردوسی از رخداد قادسیه در شاهنامه همچون متنی ادبی یک گزاره اجرایی (گزاردی) performative است نه خبری (گزارشی) constative، در شعر حافظ این دو نحوه‌ی سخن مبتلاتر از آن به یکدیگرند که بشود در همه حال میان آنها فرقی گذاشت.

تاریخیت همچون فضایی کلامی را می‌توان به تعبیر الیوت ادامه فرادهش یک فرهنگ در متن شعری دانست، یا به سخنی دقیقتر و با

[۱۲۱] مسکوب، منبع یادشده، ۱۸۰. تعبیر " جهانی" را در بیان مسکوب به صورت "کلی" و "یونیورسال" (در برابر جزئی particular و مکانی local) خواند.

وامی از ژولیا کریستوا، آن را فضایی از بینامتنیت خواند. متن در این فضا عرصه‌ی گذر متن‌های‌های دیگر است و عرصه گفتگوی این متن‌ها با یکدیگر (رولان بارت) است. دیگریت را در سازوکار آیرونی می‌توان در سازوکار دیگریت در سخن، (سهم دیگری در سخن) به تعبیر باختین بازخواند. این فضای بینامتنیت را نمی‌توان به دایره‌ی تاثیرات شاعر از دیگران یا ارجاعات و آشکار و حتا تواردها در یک اثر فروکاست. بخش عمده‌ای از کار حافظ‌پژوهان یافتن خاستگاه و منبع و مرجع وارادت کلامی در شعر حافظ بوده است، تا آنجا که مثلا شعر حافظ را سطر به سطر ترجمه آیات قرآنی قلمداد کرده‌اند. این‌گونه وارادات در کار هر شاعری هست و آگاهانه در سخن آورده شده است. فضای بینامتنی ناخودآگاه متن است. بینامتنیت به معنای گفتگوی متن‌ها (گفتمان‌ها) در یک متن فارغ از قصد و نیت شاعر یا نویسنده صورت می‌بندد (امبرتو اکو). در این فضای بینامتنیت است که به تعبیر زیبایی از رابرت فراست شاعر چیزهایی را بر زبان می‌آورد که نمی‌دانسته است که می‌دانسته است! یا با وام تعبیری از شلگل، به ویژه در این فضاست که کلمات گاه بهتر از سرایندگان شعر خود را می‌فهمند و از خود سخن می‌گویند.[۱۲۲]

بینامتنیت را نمی‌توان منحصر به متون مدرن ادبی دانست. اصطلاح بینامتنیت اگرچه اصطلاحی نو است، اما همچون یک مفهوم به قدمت

[122] Friedrich Schlegel, “On Incomprehensibility” in *Lucinde and the Fragments,* 260

معنایی است که از آن کلام عتیق دریافت می‌شود که "در زیر آفتاب هیچ چیز تازه نیست." بدین معنا که، هر شاعری متون شعری پیش از خود را تکرار می‌کند. اصطلاح بینامتنیت با ملازمات امروزینش را ژولیا کریستوا در سال‌های شصت میلادی و به هنگام پرداختن به آثار و نظرات میخاییل باختین طرح و وضع کرد، این مفهوم اگر چه برگرفته از مفهوم "گفتاگویی" dialogic است که باختین آن را به متون منثور داستانی و مدرن اختصاص می‌دهد، اما کریستوا کاربست آن را از دیدگاهی پساساختارگرا از ساحت متن روایی به ساحت متن شعری نیز گسترش داد. این بینامتنیت را می‌توان جانشین اصطلاح بیناذهنیت دانست که افزون بر نقش گوینده سخن و گیرنده آن (خواننده) نقش خود متن را نیز در ارتباط زبانی دخیل می‌داند. در ساختار بینامتنیت به تعریف و از رویکرد کریستوا معنا یکسره از ذهن سخنگو به ذهن گیرنده سخن انتقال نمی‌یابد، بلکه خود متن نیز با در پیش نهادن رمزگان خود (کدهای زبانی code به مفهوم زبان‌شناختی) در رسانش معنا از سخن‌گو به مخاطب سخن دخیل است. به تعبیر کریستوا هر بینامتنیتی یک فرانهش transposition است، فرانهاده شدن چیزی دیگر در سخن که در اساس به همان معنای "دیگر"ی کلمه (سهم دیگری در معنادهی آن) در نظرات باختین برمی‌گردد و معنای بینامتنیت را فراتر از صرف تاثیرات شاعر از متن‌های دیگر می‌برد.[۱۲۳]

---

[123] Graham Allen, *Intertextuality* (Routledge, 2000) 53

معنای بینامتنیت در آثار نظریه‌پردازان ساختارگرا و پساساختارگرا گسترش بیشتری یافته است، اما رویکرد باختین همچنان برای ما بنیادی و راهگشاست که هیچ کلمه‌ای در زبان در معنادهی تنها به خود قایم نیست، حیات کلمه در گرو رفتن از دهانی به دهانی دیگر، از یک بافتگان (کانتکست) به بافتگانی دیگر و از یک مجموعه اجتماعی به مجموعه‌ای دیگر است. کلمه بدون گذر از این روند اصواتی بیش نیست یا فقط سنگ قبری است در گورستان قوامیس و لغتنامه‌ها.

در دیوان حافظ بینامتنیت نیز همچون بازگویی سیری از ساده به پیچیده دارد. بینامتنیت را به ساده‌ترین شکل در شعر حافظ می‌توان در اشارات و تلمیحات آن دید، مثلا به صورت این تضمین معروف در بیت آغازین دیوان:

ایا یا ایها الساقی ادر کاسا و ناولها

که عشق آسان نمود اول ولی افتاد مشکل‌ها

یا به صورت تلمیحی به یک اثر ادبی همزمان شاعر (موش و گربه از عبید):

ای کبک خوش خرام کجا می‌روی؟ بایست
غَرّه مشو که **گربه‌ی زاهد نماز کرد**

یا به صورت اشاره‌ای به آیه‌ای از قرآن: السابقون سابقون... (واقعه ۱۰)

گفتم ای بخت بخسبیدی و خورشید دمید
گفت با این همه از **سابقه** نومید مشو

و نیز:

آسمان **بار امانت** نتوانست کشید
قرعه‌ی فال به نام من دیوانه زدند

که اشاره دیگری است به قرآن و آیه‌ای با این شروع: "انا عرضنا المانه علی...."(احزاب، ۷۲)

و با ایهامی به یک آیین کهن ایرانی (کوســه برنشــین) که در آغاز بهار برگزار می‌شــده و از قرار در زمان حافظ نیز مردم این آیین را برگزار می‌کرده‌اند:

سخن در پرده می‌گویم چو گل از غنچه بیرون آی

که بیش از پنج روزی نیست حکم **میر نوروزی**[۱۲۴]

بینامتنیت اما در این سطح ساده متوقف نمی‌ماند و به لایه‌های ژرفتر و پنهان زبان ارجاع می‌دهد. در فضــای این بینامتنیت، با وامی از رولات، متن رشــته‌ی در هم تنیده‌ای از گفتاروردها (نقل قول‌ها)، ارجاعات، بازتاب‌ها، زبان‌های ویژه idioms و مفاهیم برگرفته از متن‌های "دیگر" است. هر گفته‌ای اثری از گفته‌هایی پیشین و "دیگر" را تداعی می‌کند و

---

۱۲۴ درباره آیین کوســه برنشــین یا رکوب الکوســج به نقل از *ویکیپدیای فارســی*: "ابوریحان بیرونی شرح این رسم را آورده است که در اولین روز بهار، مردی کوسه را بر خر می‌نشــاندند که به دســتی کلاغ داشــت و به دســتی بادزن که خود را مرتب باد می‌زد و اشعاری می‌خواند که حاکی از وداع با زمستان و سرما بود و از مردم چیزی به ســکه و دینار می‌گرفت. آنچه از مردم می‌ســتاند، از بامداد تا نیمروز به جهت خزانه و شــاه بود و آنچه از نیمروز تا عصــر اخذ می‌کرد، تعلق به خودش داشــت. آنگاه اگر از عصر وی را می‌دیدند، مورد آزار و شتم قرار می‌دادند. ابوریحان می‌گوید در روزگار ما چنین رســمی در شیراز اجرا می‌شود.....مسعودی در *مروج الذهب* به این رسم اشاره کرده اســت. چنین رســمی میان اقوام و ملل گوناگون بر پا بوده و شــکل‌های مختلف داشته‌است."

برای این رشـــته تداعی ســـرآغازی را همچون گفته‌ی نخســـتین نمی‌توان یافت. هر گفتی در متن یک بازگفت اســـت. ویژگی مهمی را که در اینجا باید یادآور شـــد در بینامتنیت پیچیده مرز میان گفت وبازگفت نامرئی اســـت. بینامتنیت بدین معنا، به تعبیر بارت، گفتاوردها (نقل قول‌ها)یی ناآشکار در متن است، نقل قول‌هایی است بدون علامت نقل قول.[۱۲۵]

گفتیم که نمودهای بازگویی را در انگاره‌پردازی‌های شـــعر حافظ نیز می‌توان یافت. ســـرو یک انگاره (تصـــویر) و یکی از اســـتعارات در شـــعر حافظ است همچون نسیم همچون شراب، نسیم، گیسو...

سرو چمان من چرا میل چمن نمی‌کند؟
همدمِ گل نمی‌شود یاد سمن نمی‌کند

به خاکِ پای تو ای سرونازپرورمن
که روز واقعه پا وا مگیرم از سرخاک

[125]Roland Barthes: "... quotations without inverted commas" in "From Work to Text" in his *Image Music Text* (Fontana Press, 1977) 69

تابوتی از چوب سرو

اما سرو همچنانکه شراب، جام،ساغر و میکده در شعر حافظ گاهی به کسوت نماد در می‌آید چنانکه در این بیت:

به روز واقعه تابوت ما ز سرو کنید
که می‌رویم به داغ بلندبالایی

در شرحی بر دیوان حافظ درباره این بیت می‌خوانیم که "معنای بیت روشن است."[۱۲۶] معنای این بیت اگرچه روشن است، اما ساده نیست. سرو را در این بیت فقط به استعاره‌ای از قامت بلند یار نمی‌توان تعبیر کرد. در همین بیت این استعاره در کنار واژه "داغ" و "تابوت" (استعاره‌هایی دیگر) آمده است (در منظر افقی سخن) و معنایی فراتر از معنای آشنای آن همچون یک استعاره از آن سرریز می‌کند. آری، معنای بیت روشن است: بیان آرزویی که تا هنگام مرگ (روز واقعه) برآورده نشده است، داغی که تا دم مرگ بر دل مانده است. این معنا را در شرح سودی بر این بیت نیز می‌خوانیم، "به روز واقعه، روز مرگم تابوت مرا از درخت سرو بسازید... یعنی چون در حسرت دلبری بلند قامت می‌میرم، پس روز مرگم تابوت مرا از درخت سروکنید."[۱۲۷] اما چرا " سرو" و تابوتی از چوب سرو؟.. اگر سازوکار استعاره را بنا به تعریف حرکت

---

[۱۲۶] استعلامی، منبع یادشده، ۱۲۴۲

[۱۲۷] *شرح سودی بر حافظ*، ۲۶۲۵

ذهن در محور هم‌نشینی diachronic زبان بدانیم (یاکوبسن)، پرسش این است که در این حرکت در ژرفای زبان، خاطر شاعر چرا بر واژه‌ی سرو از میان بی‌شمار واژه‌ی دیگر متوقف شده و نه واژه‌ای دیگر؟ می‌دانیم که سرو در میراث شعری پیش از حافظ به کار رفته و استعاره‌ای از بلند بالایی و زیبایی یار بوده است، در غزلیات سعدی مثلا:

ای سرو بلند قامت یار
وه وه که شمایلت چه نیکوست

و نیز در این بیت باز هم از سعدی:

جلوکنان می‌روی و باز می‌ایی
سرو ندیدم بدین صفت متمایل

و در حافظ همچون یک استعاره:

تابوتی از چوب سرو

عاشق و مخمور و مهجورم بت ساقی کجاست؟

گو که بخرامد که پیش سرو بالا میرمت

استعاره سرو پیش از حافظ در فرادهش شعر فارسی زیاد به کار رفته است، اما پرسش این است که چرا سرو در بیانی استعاری یا تشبیهی با چنین بسامدی بالایی در این فرادهش به کار رفته باشد؟ سرو همیشه و فقط استعاره‌ای از بلند بالایی قامت یار نیست. در بیت "به روز واقعه..." دلالت سرو در بافتگان (کانتکست) سخن از حد استعاره‌ای از بلند بالایی در می‌گذرد و به لایه‌های ژرف‌تر متن برمی‌گردد. درخت سرو نمادی از زیبایی و نیز آزادی (آزادگی) است. در گلستان سعدی فرازی در باب سرو همچون نماد آزادی و آزادگی چنین آمده است:

"حکیمی را پرسیدند چندین درخت نامور که خدای عزوجل آفریده است و برومند هیچ یک را آزاد نخوانده‌اند مگر سرو را که ثمره‌ای ندارد در این چه حکمت است؟ گفت هر درختی را ثمره‌ای معین است که به وقتی معلوم به وجود آن تازه آید و گاهی به عدم آن پژمرده شود و سرو را هیچ از این نیست و همه وقتی خوش است و این است صفت آزادگان...

گرت ز دست برآید چو نخل باش کریم

ورت ز دست نیاید چو سرو باش آزاد"

همین معنا را در این شعر حافظ در این بیت می‌خوانیم:

سر به آزادگی از خلق برآرم چون سرو
گر دهد دست که دامن زجهان برگیرم

درخت سـرو همچنین یادآور معنایی از پایداری و مداوت در زنده بودن است، چنانکه در این بیت:

نه هر درخت تحمّل کند جفای خزان
غلامِ همت سروم که این قدم دارد

سـرو بن اما با دلالتی گسـترده‌تر نمادی از پایداری و مدوامت فرهنگ ایرانی است. شکل خدنگ و ایستاده آن و هم شکل خلاصه و کوژکرده و هنوز از پای نیفتاده آن در برابر "بادهای سـموم" (نقش بته paisley) در معماری ایرانی از دیرباز و به ویژه در هنر نقاشی و نقش قالی... نشانگان یا نقش مایه‌ای تکرارشونده بوده است. این نشانگان خاطره‌ای را از قلب تاریخ ایرانی با خود دارد. سرو بنا به روایت درخت زرتشت است و فرو انداختن دو نمونه کهن سـرو بن سـایه‌گسـتر ایرانی، یکی سـرو باسـتانی

فریومد و دیگری سرو کاشمر، یکی به دست اعراب مسلمان و دیگری به دست ترکان غز، پیش از سرایش شعر حافظ در خاطره زبان فارسی ثبت شده بوده است، به نقل از ابوالحسن علی بن زید می‌خوانیم:

"...چو بیفتاد [سرو کاشمر] در آن حدود زمین بلرزید و کاریزها و بناهای بسیار خلل کرد و نماز شام انواع و اصناف مرغان بیامدند. چندانکه آسمان پوشیده گشت و به انواع اصوات خویش نوحه و زاری می‌کردند بر وجهی که مردمان از آن تعجب کردند و گوسپندان که در ظلال آن آرام گرفتندی همچنان ناله و زاری آغاز کردند."[۱۲۸]

آن یکی دیگر سرو را، ینالتگین امیر غز، فرمود تا آتش بزنند. به یا بیاوریم که قطع هر درختی در فرهنگ مردمی ایرانی کاری شوم و ناپسندیده است. در شعر حافظ واژه سرو تاریخی را با خود دارد که معنای آن است. نمادی ازین دست خاطره‌ای جمعی communal را در ژرفای زبان بیدار می‌کند. در بیان باژگوی حافظ سرو همچون نماد زیبایی خود را همچون معنایی دیگر ازین خاطره‌ی جمعی برگرفته یا ریشه در آن

[۱۲۸] نگاه کنید به در حضرت *راز وطن* تالیف نگارنده و تفسیر نقل شده از هوشنگ گلشیری برگرفته از بره گمشده راعی درباره سرو خمیده اما همچنان ریشه خاک (نقش بته paisley):
"[راعی]...انگشت بر بته‌ی جقه‌ی قالی گذاشته بود: از همان وقت است شاید که این سروهای خمیده را بر متن قالی هاشان نقش کرده اند. ببین انگار روی خودش خم شده باشد. یا شکسته باشد." در حضرت *راز و طن* (آسو، ۲۰۱۹) ۶۱ـ۶۰

حافظ و بازگویی (آیرونی): حد جنون جهان کجاست؟

دارد. چنین است که طنینی از صدای شاهنامه (بدین سایه‌ی سرو بغنوید..) را در این بیت حافظ می‌توان شنید که می‌گوید:

یا رب اندر کف سایه‌ی آن سرو بلند
گر من سوخته یک دم بنشینم چه شود

آتش نماد دیگری در سخن حافظ است:

از آن به دیر مغانم عزیز می‌دارند
که آتشی که هرگز نمیرد همیشه در دل ماست

گاه نیز فقط یک استعاره است:

آتش آن نیست که از شعله‌ی او خندد شمع
آتش آن است که در خرمن پروانه زدند

یا در این بیت که معنایی باژگویانه را می‌رساند:

خرقه‌ی زهد مرا، آب خرابات ببرد
خانه‌ی عقل مرا، آتش میخانه بسوخت

اما در بیت "از آن به دیر مغانم..." ما نماد آتش را در کنار نمادی دیگر، دیر مغان، است که می‌خوانیم. این دو نماد در بیت آینه‌دار معنای یکدیگرند. آیا آتش در شعر حافظ همان آتش طور یا "برق عشق" است مثلا در این بیت:

شب تار است و رَه وادی اَیمَن در پیش
آتش طور کجا؟ موعد دیدار کجاست؟

یا چنانکه گفته‌اند استعاره‌ای است از محفوظات قرانی در سینه‌ی شاعر؟ می‌توان پرسید که چرا این آتش "نهفته" در سینه‌ی شاعر (استعاره‌ای از خاطر) است و چرا آتش در سینه او جای ندارد؟ چه چیزی این نهفتگی را ایجاب کرده است؟ این آتش نهفته در سینه‌ی شاعر همان محفوظات قرآنی در خاطر شاعر نیست که در بیت زیر بدان اشاره شده:

عشقت رسد به فریاد ار خود به سان حافظ

قرآن ز بربخوانی در چارده روایت

محفوظات قرآنی را موجبی برای به نهفته شدن در سینه‌ی نبوده است. گذشته ازین، حرف اضافه "ار" در مصرع نخست صورت فشرده‌ی "حتا اگر" است و کل بیت به معنای آن است که جز" عشق" فریادرسی نیست.

برای خوانش این نماد ما آن را در بینامتنیت شعر حافظ یا به تعبیر براهنی در "محفظه‌ی زبانی" حافظ است که می‌خوانیم. در این بینامتنیت، نماد آتش تداخلی از متن‌های دیگر است، متن‌های پیش از حافظ. آتش یادآور فرادهش اسطوره‌ای سامی است هم در آن حال که بر اسطوره ایرانی آتش اشارت دارد:

به باغ، تازه کن آیینِ دینِ زردشتی

کنون که لاله برافروخت آتشِ نمرود

نماد آتش را در سخن حافظ به ویژه از فرادهش ایرانی آن نمی‌توان جدا کرد:

سینه گو شعله‌ی آتشکده فارس بکش

دیده گو آب رخ دجله بغداد ببر

آتشکده فارس نام دیگر آتشکده آذر فرنبغ (فرّ و شکوه خداوندی) است، برترین آتشکده در دوران ساسانی که در خوارزم و فارس جای داشته است.[129] روشنی و آتش دو اسباب گشایش در شعر حافظ‌اند، مضمونی که در پرداختن بدان، ایران باستان همچون یک "بدنه‌ی فلسفی" دستمایه حافظ است و آن را در "یک سلسله کنایه‌های پیچ‌درپیچ، استحاله پدیده‌ها، و رمز و راز..."[130] بیان می‌کند که می‌توان همه آنها را در قالب باژگویی فشرده کرد. می‌توان گفت که آتش در شعر حافظ همچون نمادی از "گذشته" است، هم در حال که شوقی سرکش و تعین‌ناپذیر را در تجربه‌ای انسانی شاعر در اکنون متن بازمی‌نمایاند:

---

[129] از مهرداد بهار، *پژوهشی در اساطیر ایران*، به نقل از پریسا حبیبی: "آتش و نماد پردازی در غزل حافظ" منتشر شده در ششمین همایش پژوهش‌های ادبی سال ۱۳۹۱ — نسخه اینترنتی در اختیار نگارنده بوده است. برای گونه‌های آتش در اوستا و بازتاب آنها در غزل های حافظ نگاه کنید به همین منبع سودمند.

[130] محمد علی اسلامی ندوشن، *ماجرای پایان‌ناپذیر حافظ* (انتشارات یزدان،چ دوم، ۱۳۷۴) ۲۸۳

زین آتش نهفته که در سینه‌ی من است
خورشید شعله‌ایست که در آسمان گرفت

نمادها و استعاره‌ها این انگاره‌هایی ملموس در شعر آبستن مفاهیم مجرد نیستند. هیچ مفهوم مجردی بر سرو و زلف و باده و نیز نمادگاه‌هایی همچون میکده و خرابات و میخانه در شعر حافظ تحمیل نشده است. در شعریت این شعر سرو سرو است و گیسو گیسوست و باده و میکده باده و میکده‌اند. در شرحی بر دیوان حافظ (حصوری) به درستی اشاره شده که در این بیت حافظ:

صوفی ار باده به اندازه خورد نوشش باد
ور نه اندیشه این کار فراموشش باد

اگر این باده باده نیست، و به اصطلاح شرابی روحانی است، چه نیازی به ذکر کمیت "اندازه و و غیر اندازه" آن بوده است؟[۱۳۱] بر این پرسش، پرسش دیگری را نیز می‌توان افزود که باده روحانی صاف و به اندازه

[۱۳۱] حصوری، همان منبع، ۱۱۲

کافی باید گیرا بوده باشد، چه نیازی به افکندن افیون در آن بوده است که حافظ می‌گوید:

از آن افیون که ساقی در می افکند
حریفان را نه سر ماند نه دستار

شراب و می در دیوان یک نماد است و معنای آن در متن شعر معنایی باالقوه است که متن‌های دیگری را که عرصه تداخل و گفتگوی آنها با یکدیگر است فعلیت می‌بخشد هم در آن حال که شراب و هم باده به خود باده انگوری دلالت دارند. دو شیئ در بیان شعری هستند با صفاتی مشخص که در این بیت بازگویانه با افاده‌ای از طنز آمده است:

آن تلخ‌وش که صوفی ام الخبائثش خواند
اَشهی لَنا و اَحلی مِن قُبلَةِ العَذارا

شراب و می و باده مصطلحات عاریه‌ای از عرفان و تصوف در شعر حافظ نیستند هرچند که گوشه‌ی چشمی بدان معانی دارند. این افاده معنای ضمنی عرفانی کارکرد بازگویی حافظانه است.

اگر معانی تحمیلی عرفانی بر این شـیئ شـعری (شـراب) را کنار بزنیم، دلالت‌های این نماد در بینامتنیت شـعر خود را آشکار می‌سـازند. در این سـازوکار ژرفایی متن شـعر حافظ اسـت که معنای شـراب همچون یک تاریخ خود را نمودار می‌سازد:

آیینه‌ی سکندر، جام می است بنگر
تا بر تو عرضه دارد احوال مُلک دارا

شـراب در متن‌های دیگر شـعری پیش از حافظ و در خود شـعر حافظ با اسـتعاراتی همچون خون رز یا دختر رز (تاک) بسـیار به کار رفته اسـت، اما یک نکته در اینجا گفتنی است. این استعاره برگردانی از استعاره "بنت العنب" در شعر عرب نیسـت. شـاعران عرب در سـرزمینی می‌زیسـتند که جایی برای بالیدن تاک نداشـت. اعراب پیش از فتح و فتوحاتشـان از راه مبادلات کالایی و فرهنگی با شامات و ایران (از راه حیره) با شراب آشنا شـــده بودند و انگاره‌پردازی آنان از شـــراب در ادب جاهلی در قالـب خمریه‌سرایی‌ها ریشه در این آشنایی داشت. در برابر، فارس زادگاه حافظ و دیگر منـاطق ایران از دیرباز جـایگـاه پرورش تـاک، انواع انگورهـا و فرآورش شراب بوده است. به روایت خیام در *نوروزنامه* تخم تاک هدیه مرغ افسـانه‌ای هما بوده اسـت به پاس تیری که بادان پسـر پادشـاه هرات (شـــمیران) انداخت و جان همـا را از نیش مـاری پیچیده بر پروبالش

نجات داد. به روایت خیام خاستگاه شراب هرات در خراسان بزرگ بوده است:

"گویند که نهال انگور از هرات به همه‌ی جهان پراگند و چندان انگور که به هرات باشد به هیچ شهری و ولایتی نباشد چنانکه زیادت از صدگونه انگور را نام بر سر زبان بگویند."[۱۳۲]

در فرادهش ایرانی همچنین پیشینه‌ی تاریخی شراب به زمانی بس دور و به آیین‌های رازورانه مهری می‌رسد. این پیشینه را می‌توان در زادسپرم و بندهشن یافت. بنا به روایت آنگاه که مهر گاو یکتا را کشت از خون او درخت تاک رویید. همچنین در روایات اسطوره‌ای شراب دستاورد جمشید بوده است و چنین است که می‌بینیم در ادبیات پیش از حافظ شراب و می با نام جمشید پادشاه اسطوره‌ای همراه است، مثلا در این بیت انوری:

چنین خواندم امروز در دفتری

که زنده است جمشید را دختری

و در شاهنامه:

---

[۱۳۲] *نوروزنامه* (منسوب به عمربن ابراهیم خیام نیشابوری) به کوشش علی حصوری (طهوری،چ دوم، ۱۳۵۷) ۸۱

نشسته برآن تخت جمشید کی

به چنگ اندرون خسروی جام می

از نمادهای دیرین در فرادهش هنر ایرانی یکی نیز درخت تاک است چه در شکل اندام‌وار آن و چه به صورت مسبّک stylized در حرکت پیچان اما گسترنده‌ی نقش اسلیمی... اگر سرو را نمادی از زیبایی، آزادی و ایستادگی و تداوم فرهنگ ایرانی بدانیم، چرا نتوان تاک را نمادی از گسترانگی این فرهنگ دانست؟ آیا این خیال‌پردازی هردودت است که در روایت او از تولد کورش می‌خوانیم که پادشاه ماد در خواب می‌بیند از شکم ماندانا "منیژه" دخترش، مادر کورش، تاکی سر برآورده که شاخ و برگ‌های آن پهنه‌ای گستره از آسیا را پوشانیده است؟ در اسطوره ایرانی درخت چنار نماد پادشاهی (مظهر انسانی نیروهای برکت بخشنده ی آسمانی) و تاک نماد همسر پادشاه مظهر ادامه خون خانواده بوده است.[۱۳۳] از این روست که تاک و محصول آن هر دو نمادی از تداوم زندگی‌اند (استعاره خون تاک) و شگفت نیست اگر در فرادهش ایرانی

---

[۱۳۳] مهرداد بهار: "درخت مقدس" در *الفبا* (به کوشش غلامحسین ساعدی، جلد اول، ۱۳۵۲) ۹۳-۹۶

هردو جنسیتی مادین دارند.[۱۳۴] این جنسیت نمادین شراب (دختر تاک) در بیت زیر از حافظ چنین بازتاب یافته است:

دختر شب گرد تند تلخ گلرنگ است و مست

گربیابیدش به سوی خانه‌ی حافظ برید

از منظری کلی باید گفت (با وامی از کلینت بروکس) که انگاره‌ها (استعاره‌ها، نمادها و تشبیه‌ها...) صرفا دسته گلی زیبا را برای آرایش سخن شعری تشکیل نمی‌دهند. هر انگاره، تک تک هرگل، در ارتباط با دیگر اجزای شعر همچون یک گیاه است و در این ارتباط است که خوانایی پیدا می‌کند.[۱۳۵] در این بیت مجاز "جام هلالی" و مضروف آن شراب را نمی‌توان مجزا از استعاره‌ی زلف و تاریکی و هردو استعاره را جدا از مفهوم دل گم کردگی خواند:

---

[۱۳۴] در این باره نگاه کنید به جستار مشروح و سودمند علی رضا مظفری و پریسا جبیبی "تحلیل ژرف ساخت استعاره‌ی دختر رز با تاکید بر شعر حافظ" (*فصلنامه ادبیات عرفانی و اسطوره‌شناسی*، بهار ۱۳۹۴) ۲۳۵ـ۲۰۱

[135] Cleanth Brooks, "Irony as a Principle of Structure," in *Literary Opinion in America*, 3d, rev. ed., ed. Morton Dauwen Zabel (Harper & Row,1962), 729-41.

شبی دل را به تاریکی ز زلفت باز می‌جستم

رخت می‌دیدم و جامی هلالی باز می‌خوردم

بازگویی در اینجا بازهم به گفته‌ی بروکس عملکردی از بافتگان سخن است که این انگاره‌ها را تعدیل و دچار اعوجاج معنایی می‌کند.[۱۳۶] حاصل این تعدیل و اعوجاج همان معنای حافظانه این آرایه‌هاست که نه آن است که در متون دیگر شعری حتا تغزلی (سعدی مثلا) می‌توان یافت. به این معنای حافظانه می‌توان آنگاه نزدیک شد که هر نماد یا استعاره در شعر حافظ را در محوری عمودی یا به اصطلاح معانی ضمنی واژه و نیز در محور افقی متن (معنادهی یک نماد یا یک استعاره در همنشینی با دیگری نمادها در یک پاره شعر معین و در کل گفتمان شاعرانه یک شاعر) بخوانیم:

بیا ساقی آن آتش تابناک

که زرتشت می‌جویدش زیر خاک

پیر مغان نیز استعاره پربسامدی در دیوان است. در بیت "از آن به دیر مغانم..." ما جایگاه این پیر را در کنار آتش نامیرا خواندیم. باز پرسش

[۱۳۶] همانجا

این است که چرا این پیر (نمادی از انسان کامل، مظهر دانایی) به "مغان" منسوب است؟ این نماد اگرچه در متون صوفیانه و عارفانه نیز آمده و نمی‌توان گفت که ابداع حافظ است، اما این هم هست که به گفته اسلامی ندوشن هیچکس پیش از حافظ یک جنین بعدی به شخصیت پیر مغان نبخشیده است.[۱۳۷] مسکوب نیز در باره پیرمغان در شعر حافظ می‌گوید، "هیچ شاعری چون حافظ فقط پیرمغان را مرشد خود ندانست و چون او در هوای پیرمغان نزیست."[۱۳۸] این نماد و جایگاه او را در بینامتنیت (تاریخیت) و در ساختار بازگویی سخن حافظانه است که می‌خوانیم. این معنا یا این معنای بازگویانه از "نامراد"ی را که "مراد" شاعر شده از زبان شاهرخ مسکوب چنین می‌خوانیم:

"در دوران اسلامی، مسلمانان مغ (مجوس) را به معنای زرتشتی، پرستنده‌ی هرمز خدای نور، آتش پرست و شراب خواره می‌دانستند و از وی کناره می‌کردند. شاعر چنین نامرادی را به مرادی برمی‌گزیند. او از جنگ هفتاد و دو ملتی که هریک مدعی است تنها خود گوهر حقیقت را در انبان دارد روی می‌گرداند و به گمراهی، سوخته‌ای، خاکساری روی می‌آورد که نمی‌تواند دم از ارشاد این و آن زند."[۱۳۹]

بازگویی حافظانه چنانکه اشاره شد نقیضه‌ای بر عرفان است، معنای روحانی و عرفانی نمادهایی همچون می و دیر و پیر مغان را همچون

[۱۳۷] محمد علی اسلامی ندوشن، منبع یادشده، ۲۸۴

[۱۳۸] مسکوب، منبع یادشده، ۴۲

[۱۳۹] مسکوب، همانجا

معنای باطنی می‌نمایاند تا دیگریت معنای منظور را در آنها در رویه ی کلام پنهان نگاه دارد. این بارهای معنایی عرفانی برخلاف نظر یکی از شاعران معاصر "نمک" کلام نیست.[۱۴۰] این معانی روحانی در واقع حفاظی برای کلمه‌اند. می‌توان گفت که به طور کلی طرح مضامین و انگاره‌هایی با بارهای عرفانی در شعر حافظ بهانه‌ای بیش نیست تا آنچه ناگفتنی است گفته شود، اما بر زبان ناید. برخلاف ادب صوفیانه (عارفانه) که جویای ذات اشیا است، شرابیت شراب، آبیت آب برخلاف سخن مولوی (آب را دیدی نگر در آبِ آب)، در انگاره‌پردازی حافظ من حیث شعر، خود شراب است و خود آب است همچنانکه نرگسیت نرگس خود نرگس است حتا در مقام استعاره به ویژه درهم‌نشینی با "لب" افسوس‌کنان یار:

نرگسش عربده‌جوی و لبش افسوس کنان
نیمه شب مست به بالین من آمد بنشست

در بیت بالا و نیز در بیت زیر نرگس همان چشم یار است و چشم یار همان نرگس و هردو در این شعر اعیان فی‌النفسه‌اند:

---

[۱۴۰] مجید نفیسی، *در جستجوی شادی: در نقد فرهنگ مرگ پرستی و مردسالاری در ایران* (نشر باران، ۱۹۹۲) ۱۲۰

در دیر مغان آمد، یارم قدحی در دست

مست از می و میخواران از نرگس مستش مست

در اینجا لازم است به بینامتنیت عرفانی یا صوفیانه شعر حافظ یکی دو اشاره کوتاه داشته باشیم. نخست اینکه، در تطبیق سخن حافظ با متون عرفانی منثور و منظوم (همچون متنوی) دو نحوه اندیشه یا بگوییم دو جهان‌بینی متفاوت را باید در نظر داشت. اگر از زبان بایزید در تذکرةالاولیا می‌خوانیم که "هم شرابم هم شرابخوار و هم ساقی..." شعر حافظ از "من" دیگری سخن می‌گوید. این من رابطه دیگری را با جهان برقرار می‌کند. چرا که، در سازوکار بازگویی حافظانه، میان ذهن و عین، سوژه و ابژه؛ بود (جهان) و نمود (گفت و سخن) فاصله‌ای می‌افتد تا تعارضی در این میان برملا می‌شود. اگر چنین نمی‌بود سرتاسر دیوان گفتمانی خالی از تناقض و گزاره‌ای یکسره همساز با خود می‌نمود. مولوی در مثنوی، مگر در پاره‌هایی لحظات، شارح است نه شاعر. در مقایسه سخن مولوی با سخن حافظانه ما با دو جایگاه ذهنیتی و دو سوژگی (من سخنگو در متن) متفاوت سروکارداریم.

گفته شده است که مفاهیم یا به اصطلاح رموز صوفیانه (عارفانه) همچون دیر و میکده و صومعه و پیر و جام... پیش از حافظ در متون ادب عارفانه به کار رفته است. چنین است و می‌توان این کاربست‌ها را از گونه ساده بینامتنیت در شعر حافظ تلقی کرد. آنچه داریوش آشوری از رویکردی هرمنوتیکی ملهم از دیلتای و از راه "درون فهمی" با "همدلی"

اما با به کارگیری مفهوم به شدت متن‌محور پسا ساختارگرایانه "بینامتنیت intertextuality" ("میان متن")[۱۴۱] در خوانش این مفاهیم در شعر حافظ انجام داده در واقع نوعی تبارشناسی این مفاهیم است، به دست دادن خاستگاه یا اصل آنها در فرادهش عرفانی یا صوفیانه یا به سخن دیگر همان ارایه منابعی که سخن حافظ برگرفته از انها یا ملهم از آنهاست. آری، می‌توان مضمونی را در شعر حافظ یافت که در متنی عارفانه نیز مشابه آن یافت می‌شود، چنانکه آشوری نمونه آورده است:

کشف الاسرارمیبدی: "...گفت خداوندا! مسافران بی زاد نباشند. زاد ما در این راه چه خواهی داد؟"

همین مضمون در حافظ: زاد راه حرم وصل نداریم مگر/ به دایی ز در میکده زادی طلبیم.

کشف الاسرارمیبدی:"رب العالمین سخنان خویش را به او بشنوانید."

حافظ: من به گوش خود از دهانش دوش / سخنانی شنیده‌ام که مپرس

کشف الاسرارمیبدی: "...و کلماتی چند او را تلقین کرد [و] گفت یا آدم ! یاد کرد ما تو را در آن غربیستان زاد است. وز پس آن، روز معاد تو را دیدار ما میعاد است."

---

[۱۴۱] برابر نهاد آشوری به جای بینامتنیت

حافظ: یاد باد آن که سرکوی توام منزل بود
دیده را دیده روشنی از خاک درت حاصل بود
هوای کوی تو از سر نمی‌رود آری!
غریب را دل سرگشته با وطن باشد
شب تار است و ره وادی ایمن درپیش
آتش طور کجا موعد دیدار کجاست؟

کشف الاسرارمیبدی: آنگاه [باوی سخن] سربسته گفت و تفصیل بیرون نداد تا اسرار دوستی بیرون نیفتد."

حافظ: راز سر بسته ما بین که به دستان گفتند
هر زمان بادف و نی بر سر بازار دگر[۱۴۲]

...

روشن است که معارف فلسفی و کلامی عصر و از جمله فرادهش عارفانه آبشخور فکری و مواد و مصالح شعری حافظ بوده‌اند. حافظ تکیه بر این معارف عصری خود زده هم در آن حال که او را نمونه‌ای از شاعر-

[۱۴۲] برگرفته از آشوری، منبع یادشده، ۹۲ـ۹۱ نمونه‌های دیگر نیز همان جا آورده شده است.

خنیاگر نیز همچون رودکی در فرادهش ادب فارسی می‌توان به شمار آورد:

دلم از پرده بشد حافظ خوش لهجه کجاست
تا به قول و غزلش ساز نوایی بکنیم

یا:

تا مطربان ز شوق منت آگهی دهند
قول و غزل به ساز و نوا می‌فرستمت

برای نوع این قول و ساز و نوای او شاید امروزه بتوان نمونه‌ای در سنت قوالان شبه قاره هند پیدا کرد. شعر حافظ آکنده از واژه‌ها، زبان ویژه idiom و مضامین نحله‌های فکری و عرفانی و دینی و فلسفی زمان خود است و همه آنها را می‌توان بینامتنیت ساده و دستیاب شعر حافظ دانست. در نمونه‌های بالا و ابیات دیگری که آشوری به اصطلاح با منبع آنها (کشف الاسرار یا مرصاد العباد) مقایسه نموده، این پرسش پیش می‌آید که پس آیا ابیات حافظ فقط رونویسی از آن منابع بوده است به

نظم؟.. آیا روایت کشف الاسرار همه آن چیزی است که در شعر حافظ بیان می‌شود؟ حتا اگر بپذیریم که سخن حافظ برگردانی از منبع یاد شده یا ملهم از آن است، آیا همان گزاره‌های سازگار با خود در منبع مذکور را تکرار می‌کند؟ از این رویکر هرمنوتیکی، اصل شعر حافظ نه خود سخن حافظ که سخن حافظ نسخه بدلی از "اصل"ی است که چیزدیگری و در جای دیگری است.

خوانش شعر حافظ از ورای بینامتنیت آن قرار دادن این شعر در متن‌های فراتر تاریخی و اجتماعی است. ازین رویکرد حتا خود تصوف یا عرفان ایرانی نیز آمیزه‌ای از متن‌های دیگر و به سخن دیگر، حاصل تلاقی گفتمان‌های دیگر است. برای این جریان فکری اصل یا گوهر یگانه و همگنی را نمی‌توان یافت. اگر عرفان را مفهومی اعم از تصوف به عنوان رویکرد شهودی نسبت به جهان بگیریم، در آن رگه‌هایی از اسلام و مسیحیت گرفته تا آیین بودایی و دورتر آیین‌های رازورانه کهن ایرانی و از حکمت خسروانی تا حکمت نوافلاطونی را می‌توان یافت. حتا در آداب خانقاهی رگه‌هایی از آداب رازورانه مهری را نیز می‌توان دید. از نگاهی تاریخی می‌توان گفت تصوف یا گفتمان عارفانه ایرانی تلطیفی از شریعت به صورت طریقت بوده است، اما این نیز واقعیتی تاریخی است که نص این شریعت، متن خاستگاهی آن قرآن، در سده‌ی هفتم میلادی ناگهان به برهوتی از فرهنگ و اندیشه به نام ایران وارد نشده بود. اگر از نگاه مولوی شریعت همه پوسته است و طریقت مغز و اصل، باید گفت آن مغز نیز خود پوست در پوست است؛ پوسته‌های درهم پیچیده‌ای از زبان و بیش از آن نیست.

از نگاه آشـوری گفتمان صـوفیانه در سـیر تاریخی خود پیش از حافظ با گذار از خراسـان به فارس در مرکز سـرزمین ایرانی خود، از گفتمان زهد نخسـتین به گفتمان عرفان عاشـقانه دگردیسـی پیدا کرده بود و در این دگردیسـی "دیدگاه دوگانه‌انگار زاهدانه جای خود را به دیدگاه یگانه‌انگار وحدت وجودی می‌دهد و زنده‌دلی شـاعرانه بر خشـک‌دماغی تصـوف زاهدانه چیره می‌شـود."[۱۴۳] در چشـم‌اندازی گسـترده‌تر، در بسـتره‌ای تاریخی، آنچه از فرادهش عرفان صـوفیانه پس از حمله مغول به زمان حافظ رسیده بود مرده‌ریگی به صورت "ابتذال عرفان" یا تصوف بود که حافظ در شـعر خود مرگ آن را اعلام کرده اسـت.[۱۴۴] رویکرد حافظ را به این ابتذال در قالب نقد تند و گاه به زبانی باژگو از صـوفی در شـعرش چنین بازتاب یافته است:

صوفی نهاد دام و سرحُقّه، باز کرد
بنیاد مکر با فلکِ حُقّه‌باز کرد
بازی چرخ بشکندش بیضه در کلاه
زیرا که عرض شعبده با اهل راز کرد

---

[۱۴۳] آشوری، منبع یادشده، ۲۷۶

[۱۴۴] جواد طباطبایی، *درآمدی برتاریخ اندیشه‌ی سیاسی در ایران* (کویر، ۱۳۸۵) ۲۱۱

تابوتی از چوب سرو

یا در این بیت:

صوفی شهر بین که چون لقمه‌ی شبهه می‌خورد
پاردمش دراز باد آن حَیَوان خوش علف

آشوری از نگاه تاویل‌گرایانه خود و برای تحکیم و تحدید بینامتنیت شعر حافظ در خاستگاه صوفیانه آن بر "تاریخیت فهم" و "متن تاریخی" شعر تاکید می‌کند. با این تاکید ناگفته پیداست که از نظر او هر خوانش دیگری از این بینامتنیت که بیرون از آن چهارچوب فهم تاریخی مفروض باشد، خوانشی نازمانمند یا به اصطلاح زمان پریشانه از شعر حافظ خواهد بود. اگر "تاریخیت فهم" را به زبان ویژه‌ی هرمنیوتیکی همان افق دانایی یک عصر بدانیم، و در اینجا به افق دانایی عصر حافظ تعبیر کنیم، باید گفت که ذهنیت (سوژگی)، و در اینجا ذهنیتی شاعرانه، تخته بند افق دانایی عصر خود نیست و می‌تواند از آن فرا بگذرد. افق دانایی یک سرنوشت محتوم نیست. ذهنیت، به تعبیری، نگاشته‌ای است از آنچه پیشینیان گفته‌اند و نوشته‌اند، اما هر دم در معرض تحولات گفتمانی و شرایط مادی و مناسبات قدرت عصر خود است و در مجرای زمان به یک حال باقی نمی‌ماند. دیالکتیکی در اینجا به صورت درهم‌کنشی میان سوژه و جهان پیرامونش در کار است که به قول حافظ این کارخانه‌ای است که مدام تغییر می‌کنند. این نیز گفتنی است که

سوژگی این فراگذشتن از حد دانایی زمان خود را حتا به صورت بدعت به ناگزیر به همان زبان عصر خود بازمی‌گوید هرچند که زبان هم در این کارخانه تغییر و تحول به یکسان باقی نمی‌ماند. این فرارفت‌های ذهن حافظ از افق دانایی عصر یا به پرسش گرفتن حد و حدود آن در لحظات شک و باژگویی شعرش به صورت حرکتی خلاف یا ایستادگی در برابر گفتمان‌های قاهر و مسلط بر زمانه بازتاب یافته است.

باژگویی چنانکه گفتیم سخنی است که دو روی دارد، اما این سخن و به ویژه در ایام صعب و روزگار بلا، حاکی از دورویی شاعر نیست. باژگویی بنا به تعریف به معنای ریاکاری در کلام (در اصطلاح آیرونی‌شناسی insincerity) نیست و با آن فرقی ماهوی دارد. باژگویی حتا به مفهوم "رندی" کلمه (چنانکه بعضی از آن دریافت کرده‌اند) به توجیه و ترویج "خلوت‌گزینی" و "خوشباشی" و نوعی هدونیسم شرق‌شناختی راه نمی‌برد. ساده‌نگری است اگر این بیت باژگویانه را به وصف الحالی از خود شاعر و حاکی از ریاکاری و ابن‌الوقتی او تعبیر کنیم:

حافظم در مجلسی دردی‌کشم در محفلی

بنگر این شوخی که چون با خلق صنعت می‌کنم

"صنعت کردن" را به معنای " ظرافت" و "نزاکت" و "تظاهر" (شرح سودی)[۱۴۵] و نیز " تردستی" و "فریبکاری" (استعلامی)[۱۴۶] گرفته‌اند، اما بیت در مجموع بیانی نه از یک کردار شخصی و بیرونی (هرچند در رویه‌ی سخن چنین معنا می‌دهد: رندی به مفهوم نازل کلمه) که بیانی باژگویانه از خود است و به این اعتبار " شوخ" را دیگر نمی‌توان در بیت فقط "گستاخی" و "بی‌شرمی" معنا کرد. صنعت کردن و آن هم در "عبارت"، در شعر حافظ به معنای قلب حقیقت یا به تعبیر خود حافظ ناراستی سخن و حاکی از دو رویی سخنگو است که با رفتار باژگویانه حافظ در شعر منافات دارد:

حدیثِ عشق ز حافظ شنو نه از واعظ
اگر چه صنعت بسیار در عبارت کرد

صنعت مکن که هر که محبت نه راست باخت
عشقش به روی دل درِ معنی فراز کرد

---

[۱۴۵] شرح سودی بر حافظ، ترجمه‌ی عصمت ستارزاده (نگاه، ۱۳۶۶) ۱۹۶۰

[۱۴۶] استعلامی، منبع یاد شده، ج.دوم، ۹۰۴

می‌توان گفت که باژگویی حفاظی برای سخن است به وقتی که وقت سخن گفتن نیست حتا با محرمان:

گفتا نه گفتنیست سخن گر چه محرمی

درکش زبان و پرده نگه‌دار و مِی بنوش

باژگویی گاه آن روی دیگر سکه‌ی سکوت است: گفتن به لفظی اندک اما با معنایی بسیار... سخنی سربسته اما در عین حال سرگشاده. در برابر گفتمان‌های بازدارنده و دستگاه‌های سرکوب و بازدارش در یک عصر که ناهمانديش را برنمی‌تابند تا سکوتی مطلق را بر ذهن و زبان جامعه حکمفرما سازند، باژگویی شکلی از مقامت است در گفتن اما به صورت ناگفتن...غزل زیر تصویرگر چنین عصر و زمانه‌ای است:

اگر چه باده فرح بخش و باد گل‌بیز است

به بانگ چنگ مخور می که محتسب تیز است

صراحی‌ای و حریفی گرت به چنگ افتد

به عقل نوش که ایام فتنه انگیز است

در آستین مرقع پیاله پنهان کن

تابوتی از چوب سرو

که همچو چشم صراحی زمانه خونریز است
به آب دیده بشوییم خرقه‌ها از می
که موسم ورع و روزگار پرهیز است
مجوی عیش خوش از دور باژگون سپهر
که صاف این سر خم جمله دُردی آمیز است
سپهرِ بر شده پرویزنی‌ست خون افشان
که ریزه‌اش سر کسری و تاجِ پرویز است
عراق و فارس گرفتی به شعر خوش حافظ
بیا که نوبت بغداد و وقت تبریز است

غزل، در مطلع، با سخنی در توصیف موسمی خوش آغاز می‌شود، از فرح‌بخشی باده و بادی گل بیز، یادآور بهاری در شیراز که هوای آن همیشه آکنده از رایحه‌ی گلها بود... از بد حادثه در همین بهار دل‌انگیز است که صدای چنگ را باید خاموش کرد، چرا که گوش محتسب تیز و ایام فتنه‌انگیز است...بنیاد و عنصر یگانگی بخش این غزل همین دوگانگی و رویارویی زیبایی بهار و زشتی سرکوب است...

می‌توان این غزل را در به اصطلاح "زمینه تاریخی" آن خواند. اما حتا اگر غزل را در زمینه تاریخی آن بخوانیم، چنانکه آشوری توصیه کرده،

حافظ و بازگویی (آیرونی): حد جنون جهان کجاست؟

نمی‌توان ماحصل معنایی آن را در مبارزه‌ی شاعر با "زهد و اندیشه‌ی زاهدانه" خلاصه کرد. البته می‌توان با آشوری موافق بود که در تاختن به این طایفه (و محتسب عامل اجرایی آموزه‌های این طایفه) حافظ "...چنان تند می‌رود که از آزارشان چه در زندگی چه پس از مرگ در امان نمانده است، چنانکه گوربنای او را چند بار ویران کرده‌اند."[147]

آیا زمانی که این غزل بر آن اشاره دارد زمانی مشخص، بهاری از یکی از بهارها در تقویم حیات شاعر است؟ از نگاهی تاریخی یا سرگذشت‌نگاشتی می‌توان حافظ میان دو دوران وحشت و ویرانی در تاریخ ایران زندگی کرده است، یکی دوران پس از حمله مغول و دیگری که با ایلغار تیموری رقم خورده است. این ایلغار خونبار دوم، بنا به روایات، در اواخر عمر حافظ رخ داده و حافظ آن را خود به چشم خویش شاهد بوده است.

زندگانی حافظ بجز در دوران خوش شاه شجاع مظفری ۷۵۹—۷۸۶ ه. ق. از رنج و آزار حاکم و شیخ و عمال آنها در امان نبوده است. نهاد دین و دولت دست به دست هم داده بودند و "به ظاهر دولت در خدمت دین و در باطن دین در خدمت دولت بود."[148]

---

[147] آشوری منبع یادشده، ۳۷۱
[148] مسکوب، منبع یادشده، ۱۹۸-۱۹۶

محتسب شیخ شد و فسق خود از یاد ببرد

قصه‌ی ماست که در هر سر بازار بماند

غزل نقل شده را از قراینی که در شعر هست به احتمال حافظ در سال ۷۵۸ یا ۷۵۹ه.ق. سروده است، "اندکی بعد از قتل شاه شیخ ابواسحاق و تحولات و تغییرات گوناگون و خونریزیها و فتنه و فسادها که حافظ خود شاهد و ناظر بوده."[۱۴۹] بیت پایانی با بیانی بازگویانه اشاره به رفتن امیرغازی مبارزالدین به آذربایجان و تصرف شهر تبریز دارد:

عراق و فارس گرفتی به شعر خوش حافظ

بیا که نوبت بغداد و وقت تبریز است

دوران امیر مبارزالدین محمد بن مظفر ۷۱۸—۷۵۹ ه.ق بنیان‌گذار سلسله آل مظفر است که خرقه‌ها را باید از می می‌شستند. موسم ورع و پرهیز بود و زمانه همچون چشم صراحی خون‌ریز... پاره‌ای اشارات حافظ به "محتسب" اشاره به هم اوست. اما آیا این غزل فقط از اوضاع و احوال یکی از بهارها در شهر شیراز در دوران امیر مبارزالدین را سخن می‌گوید؟ با نگاهی به زمینه تاریخی این شعر باید گفت که آری، شعر

---

[149] قاسم غنی، *تاریخ عصر حافظ* (زوار، ۱۳۸۳) ۲۱۵ ـ ۲۱۴

بازنمایی از اوضاع و احوال روزگار شاعر است. حافظ شاعری نبوده که عمری را در هپروتی از عرفان فارغ از آنچه بر او و جامعه‌اش می‌گذشته به سر برده باشد. او بر احولات عصر خود اشعاری تمام داشته است، اما این اشعار به تاریخ در شعر او به تاریخیت شعر دگردیسی یافته است. در این غزل نیز ما نه با یک رخداد که با یک نارخداد روبروییم که هر بار شعر را می‌خوانیم انگار هم اکنون اتفاق افتاده یا در شرف رخ دادن است. در تاریخیت این غزل، شراب نه اکنون که از سرخم، از آغاز، دردآلود بوده و سپهر (استعاره‌ای از سرنوشت و بخت)، بر مداری باژگون می‌چرخد چونان پرویزنی خونبار که فرو ریزهایش سر کسرا و تاجِ پرویز است.

گفتیم که آیرونی سخنی از سر جبن و ریا و تقیه نیست. منظور و مقصود گوینده سخن را در خود پنهان می‌دارد، اما با توریه dissimulation فرق دارد. آن گفته فلوبر را باردیگر در اینجا به یاد آوریم که باژگویی (آیرونی) بیان خواستی معطوف بر غلبه بر جهان است و چنانکه در شعر حافظ می‌بینیم، باژگویی بیانی از غلبه یا به سخنی دقیقتر، بیانی از مقاومت در برابر گفتمان‌های سرکوب سخن است. می‌دانیم و در تجربه‌ی زیسته در جوامع کنونی دریافته‌ایم که در رویارویی با سلطه و سرکوب نهاده‌های بازدارنده‌ی سخن، با وام تعبیری از لئو اشتراوس، فن خاصی از نوشتن و ادبیاتی ویژه به صورت "نوشتن در میان سطرها"[۱۵۰] را پدید می‌آورد. باژگویی همان میان سطرها یا میان مصاریع در شعر

[150] Leo Strauss, *Persecution and the Art of Writing* (University of Chicago Press, 1988)25

حافظ است. نه فقط در دوران جدید که در دوران حافظ نیز سرکوب و بازدارش سخن همیشه به کام سرکوبگر عمل نکرده و کارکردی متناقض (پارادوکسیکال به تعبیر فوکو)[151] به همراه داشته است. بدین معنا که، نهاد سرکوب اگرچه در گفتمانی را می‌بندد تا سکوت را برقرار کند، اما در دیگری را، بی‌آنکه خواسته باشد، برای زایش گفتمانی دیگر می‌گشاید. می‌توان ازین رویکرد، در کنار رویکردهای سنتی تاکنونی، نه تنها شعر حافظ را که فرادهش ادب عرفانی ایرانی را در ادوار شکوفایی آن همچون گفتمانی "دیگر" در برابر "همانِ" گفتمان مسلط باز خواند که گاه نه در پرده رمز که به زبانی فاش صورت گرفته و به گفته مولوی در اثر این فاش‌گویی ".. همی‌بینی در آویزان دو صد حلاج را"...

سخن حافظانه با انگاره‌پردازی‌ها و مضامین متناقض، در قالب بازگویی، از جنس آن گفتمان دوم، گفتمانی دیگر، است. این سخن اگرچه گاه بیانی از ناامیدی در زمانه هول و بلا است (عجب زمن) که طی آن "عزیز نگینی" به دست اهرمن افتاده است:

---

[151] با نگاهی به در آمد جلد نخست این کتاب و موضوع منع و بازدارش از سخن گفتن درباره جنسیت:

Michel Foucault, *The History of Sexuality*, trans: Robert Hurley (Pantheon Books, 1978)

حافظ و بازگویی (آیرونی): حد جنون جهان کجاست؟

ز تندباد حوادث نمی‌توان دیدن

در این چمن که گلی بوده است و سمنی

اما همچنین، بیانی از امید است پس از فرونشستن بادهای سموم حادثات:

از این سموم که بر طرف بوستان بگذشت

عجب که بوی گلی هست و رنگ نسترنی

می‌توان فشرده‌ای از تاریخ فرهنگ و تمدن ایرانی پیش از زمان حافظ و پس او را در گسست‌ها و پیوستگی‌هایش، در زمانه‌های امید و زمانه‌های نا امیدی، در همین دوبیت کوتاه بازخواند.

سخن بازگویانه یا به تعبیری دیگری که از آن کرده‌اند، سخن "رندانه" حافظ، نه از سر انفعال و تسلیم یا گریزی عافیت‌طلبانه که بیانی از مقاومت در برابر نهادهای سرکوب شیخ و محتسب و گفتمان‌های قاهر عصر خود است. طرفه اینکه اغلب تفاسیر عرفانی امروز درست از همان گفتمان‌ها یا جریان‌های فکری و اعتقادی در شرح حافظ سود می‌گیرند که شعر حافظ در زمانه خود حرکتی خلاف آنها را بازمی‌نماید. از منظر تاریخی گسترده‌تر، مقاومت در بیانی بازگویانه در شعر حافظ ادامه‌ی

تلاش برای زنده نگاه داشتن نمودهایی به جامانده از فرهنگ و اندیشه ایرانی در دوران صعب و پرمخاطره پس از حمله مغول بود. می‌توان با جواد طباطبایی هم‌صدا شد و گفت که در چنین دورانی که خردگرایی یکسره ناممکن شده بود و عرفان نازل زاهدانه جای آن را گرفته بود و صوفیان در جایگاه متفکران قوم نشسته بودند، "حافظ، با رعایت الزامات زمان و درکی که از آن داشت، توانست شعله پایداری را که ایرانیان به دنبال سقوط ایران زمین بر اثر حمله عربان روشن کرده بودند، هم‌چنان روشن نگاه دارد."[۱۵۲]

یکی دیگر از نمودهای بازگویی در این گفتمان دیگر، گفتن از زبان دیگری یا دیگران است. در شعر حافظ گاه سخن از زبان مغبچه، پیر مغان، رند خراباتی، ترسا و ساقی... گفته می‌شود، چنانکه در این بیت از زبان پیر می فروش:

دی پیر می‌فروش که ذکرش به خیر باد
گفتا شراب نوش و غمِ دل ببر ز یاد
گفتم به باد می‌دهدم باده نام و ننگ
گفتا قبول کن سخن و هر چه باد، باد

[152] جواد طباطبایی، *زوال اندیشه‌ی سیاسی در ایران*، ۲۹۳

و گاه حتا نه از زبان دیگران که از زبانی به کلی دیگر، از "تقریر" دف و عود و نی و چنگ و رباب:

به صوت چنگ بگویم آن حکایت‌ها
که از نهفتن آن سینه می‌زد جوش

من حال دل زاهد با خلق نخواهم گفت
وین قصه گر گویم با چنگ و رباب اولی

و بی هیچ ترس و محابا از شیخ و محتسب زیرا:

بی‌خبرند زاهدان، **نقش بخوان** و لاتَقُل
مستِ ریاست محتسب، باده بده و لاتَخَف

به تاریخیت شـــعر حافظ برگردیم و آن را در بینامتنیت این شـــعر باز بخوانیم:

تابوتی از چوب سرو

بیفشان جرعه‌ای بر خاک و حال اهل دل بشنو
که از جمشید و کیخسرو، فراوان داستان دارد

"بینا ـ متن" inter-text حافظه‌ای اســت دوار در بی‌انتهایی متن.[۱۵۳] به تعریفی دیگر، زمانیتی اســت در مکانیت زبان. در این تداخل زمانی / مکانی همچون یک فضــا اســت که واژه‌ها گذشــته ی خود را از دل ناخودآگاه زبان به یاد می‌آورند: "یادایاد" زبان به تعبیر مسکوب...

معنای واژه‌ها در بیت بالا تاریخی است که بر آنها گذشته است؛ یادی که از گذشــته با خود دارند، ســهم دیگری در دلالت آنها...خاک صــامت است، مدفن یادهاست: "خوابگه" یادها...خاک اما همچون "خط ساغر" فقط نقشی صامت نیست، چیزی را به یاد می‌آورد. خاک در این بیت در امتزاج با باده همه خاطره خود را همچون عطری در هوا می‌پراکند. در شــعر حافظ بوی و یاد (خاطر)[۱۵۴] در هم گره خورده‌اند. عطر، بوی، نکهت نه تنها با ذوات همچون عطر گیســو که با معانی نیز در شــعر حافظ مضــاف می‌شــوند: بوی خوش آشــنایی، خاطر عاطر... و در اینجا می‌توانیم بگوییم با "یاد" مضاف شده است: یاد و خاطره گذشته همچون یک عطر...

---

[153] Roland Barthes, *The Pleasure of the Text*, Richard Miller trans. (Hilll & Wang, 1998) 36

[۱۵۴] من که باشم که بر آن خاطر عاطر گذرم...

خاک صامت است، خاک در این بیت استعاره‌ای از گذشته است؛ از گذشته فراوان داستان به یاددارد و در همان حال صامت است؛ گورگاه یادهاست: استعاره‌ای از زوال و فراموشی است. بوی خاطره‌ای از چیزی یا کسی یا وقتی را با خود می‌آورد که زمانی در گذشته بوده است، حضور داشته است، اما در اکنون شعر دیگر نیست:

بوی تو می‌شنیدم و بر یاد روی تو
دادند ساقیان طرب یکی دو ساغرم

صبا تو نکهت آن زلف مشک بو داری
به یادگار بمانی که بوی او داری

می‌توان هم سخن با اسلامی ندوشن گفت که در عطری که حافظ بوییده غلظتی و شدتی هست که در هیچ شاعر دیگری نمی‌توان یافت. این بوی آرزوی حضور چیزی یا کسی را در غیاب آن چیز یا آن کس در دل برمی‌انگیزد. چنین است که در شعر حافظ بوی گاه ایهامی با بوی (آرزو) پیدا می‌کند. در سازوکار بازگویی سخن حافظ، یاد آوردن فقط یک تداعی ساده و آگاهانه به مفهوم روانشناختی کلمه نیست. به یادآوردن (با یاد آوردن) در شعر حافظ یاد آوردن فراموشی است. با افشاندن جرعه‌ای

بر خاک، یاد گذشته همچون یک عطر از دل فراموشی است که سر برمی‌آورد. بوی (عطر) ناپیدا اما محسوس است و در اینجا یاد همچون عطر، رایحه‌ی خاک، حضوری است که هم هست و هم نیست. در سازوکار بازگویی حافظ یاد و فراموشی گرفتار هم‌اند؛ دو نیروی متخالف که ذهن تنها مگر به یاری باده بتواند از تنش میان این دو بگریزد:

بده جامی و زجم مکن یاد

که می‌داند که جم کی بود و کی کی؟

مستم کن آن چنان که ندانم ز بی‌خودی

در عرصه‌ی خیال که آمد، کدام رفت

در اینجا، در بازگویی حافظانه مشکل بتوان به هم‌نهادی مطلق میان دو نیروی متخالف یاد و فراموشی رسید. در (با) یاد آوردن فراموشی، آنچه به خاک سپرده شده، تناقضی رخ می‌دهد: یاد گذشته از یکسو، و ازسوی دیگر زمان اکنونی بی محل، عجب، زمانی نه از آن خود:

به چشمِ عقل در این رهگذار پرآشوب
جهان و کار جهان بی‌ثبات و بی‌محل است

نام‌های جمشید و کیخسرو و کی تنها تقویمی از آن گذشته‌اند. یاد این گذشته را که با نام‌های اسطوره‌های ایرانی در شعر حافظ رقم خورده، نمی‌توان از بینامتنیت شعر او بیرون راند. این آگاهی حافظ از گذشته باستانی ایران را، یا به تعبیر مسکوب این "روح ایرانی" در شعر حافظ را، نمی‌توان صرفا به برداشتی ذوقی و از سر "شوری میهن پرستانه" نسبت داد چنانکه آشوری نسبت داده است.[۱۵۵] خاک همچنین مجازی است از موطن، از زادگاهی که شاعر در آن می‌زیسته است: شیراز...شیراز در شعر سعدی و حافظ نه یک شهر که یک شخص است!

شیراز همچون یک واحه (روضه‌ی شیراز) در زمانه حافظ واحه‌ای است همچون دیگر واحه‌های تمدنی پراکنده در فلات ایران... این درست است که برخلاف شاهنامه یکبار هم از ایران در غزلیات حافظ نام برده نشده، اما باید به یاد داشت که ایران در زمان حافظ پراکنشی از واحه‌های تمدنی بود، "بوستان"هایی در محاصره بیابان و بیابانگردان که بسی بادهای سموم بر آنها وزیدن گرفته بود و نه مجموعه‌ای واحد و برقرار به لحاظ سیاسی که حافظ از آن با نام خاص ایران یاد کند. با این حال، به جای- نگارهایی از کشور واحه‌ای آشنای حافظ در شعر او برمی‌خوریم

[۱۵۵] آشوری منبع یاد شده، ۳۱۳پانویس

از جیحون تا ارس و از ارس تا زنده رود، از تبریز، تا اصفهان و یزد و شیراز در فارس (ملک دارا) که قلب این وطن واحه‌ای بود، خاک عنبرین بوی شیراز، "صبا بیار نسیمی زخاک شیرازم."[۱۵۶]

گذشته‌ی باستانی این "کشور دوست" متنی گشوده در کنار شاهنامه و رباعیات خیام در بینامتنیت آشکار و پنهان شعر حافظ است. واژه‌های "مغ" و "دیرمغان" و "خط ساغر" و "جام" و "خرابات" و نیز واژه‌ی شراب اگرچه در متون عرفانی پیش از حافظ به کاررفته، اما چنانکه پیشتر اشاره شد، معنای عرفانی این واژه‌ها در بیان بازگویانه حافظانه لعابی بیش نیست که مدام به واپس رانده می‌شود. دیر مغان، خرابات و پیر شراب نوش و میکده باز نمودی "دراماتیک" از "فرود روح به عالم خاکی" نیستند که به زندگی در آن شور و رنگ و بو بخشیده باشند، بلکه برعکس در بیان حافظانه این عروج دیرمغان و خرابات و میکده به عالم بالاست که بدان عالم شور و رنگ و بویی محسوس داده است. عرفان در شعر حافظ، چنانکه پیشتر اشاره شد، نقیضه‌ی (پارودی) عرفان است.

محتوای شعر حافظ به فقط مضامین عرفانی یا کلامی فروکاستنی نیست. در دوران زوال خردورزی ایرانی که تصوف جای تفکر را گرفته بود و قرون وسطای ایرانی مدت‌ها بود که آغاز شده بود، "جاویدان" خرد مسکویه رازی و "حکمت خسروانی" شهاب الدین سهروردی آبشخور

---

[۱۵۶] درباره این وطن واحه‌ای یا ایران همچون مجموعه‌ای از واحه‌های تمدنی نگاه کنید به در حضرت راز وطن، تالیف نگارنده.

حافظ و بازگویی (آیرونی): حد جنون جهان کجاست؟

اندیشه حافظ بودند. حافظ را باید ادامه این فرادهش اندیشه ایرانی، این "آتش نهفته در سینه" اما در شعر دانست.[۱۵۷] آگاهی به گذشته یا اشعار به گذشته‌ی ایران را در شعر حافظ برخلاف نظر آشوری نمی‌توان از "متشابهات" در شعر حافظ دانست. در شعر حافظ من حیث شعر بر خلاف نص دینی متشابهات و محکمات وجود ندارد، هرچه هست از متشابهات است. ایران باستان و ایران پس از اسلام در شعر حافظ "مانند لام و الف لا به هم می‌پیچند."[۱۵۸] در آن هنگام که "بادهای بی‌نیازی" خداوند با حمله مغول بر واحه‌های ایرانی وزیدن گرفته بود و در پی آن، به گفته‌ی مسکوب، "روح و ماوای" ایرانی با شمشیر برهنه خشونت خام بیگانه تکه پاره شده بود، "خاطره ازلی مغان که در پرده فراموشی خفته بود، در خاطر شاعر بیدار می‌شد. غرض آن نیست که او چون جامعه‌شناس یا سیاست‌پیشه‌ای روانشناس در روزگاری آشوب زده با طرحی از پیش سنجیده تاریخ فرهنگ مردم را به یادشان می‌آورد تا از پیوستگی و یگانگی خویش غافل نمانند، اما روح سیال و کهنسال فرهنگ ایرانی پنهان در او کار می‌کرد، در روح وی می‌زیست و بر زبانش هستی می‌یافت و به جهان می‌آمد."[۱۵۹]

در بینامتنیت شعر حافظ متنی دیگر نیز گشوده است، متنی از یک شهر: شیراز، میهن ـ زبان شاعر. در این متن حافظ هنوز به چشم خود یادمانده‌هایی را، نشانه‌هایی از گذشته را، می‌بیند. این نشانه‌ها نه

---

[۱۵۷] طباطبایی، همانجا
[۱۵۸] اسلامی ندوشن، منبع یادشده، ۲۸۵
[۱۵۹] مسکوب، منبع یادشده، ۴۲

همچون کلمات بر صفحه کاغذ که از سنگ و خاک و ساروج ساخته شده بودند: یادهای مادیت یافته. تخت جم اگرچه و شاید که تنها پلکانی و سرستونی از ان ازخاک بیرون مانده بود، اما چندان با محل زندگی حافظ فاصله نداشت. ویرانه‌هایی از خرابات معرب "خورابه" یا "مهرابه" حتا تا زمان حاضر در شهر شیراز برجا مانده بوده است.[۱۶۰] خرابات، مهرابه‌ها، پرستشگاه‌های آیین مهر در دوران اسلامی تاریخ ایران و در عصر حافظ همچون دیر و صومعه به امن جای‌هایی برای رندان باده‌نوش و آتش‌پرست تبدیل شده بودند، چنانکه حمدالله مستوفی نمونه‌ای از دگردیسی این مکان‌ها را در شهر قزوین، پرستشگاهی بر کناره‌ی آب روان، مشاهده کرده و درباره آن چنین می‌نویسد: "بر کنار رودخانه صومعه‌ی یزدان‌پرستی بود که اکنون مقام قلندران است."[۱۶۱] تحول معنایی واژه‌هایی همچون "دیر"، "مغ"، "خرابات" و "صومعه" را از خاستگاهشان در دوران پیش از اسلام و نیز بعدها در خلال متون صوفیانه تا کاربست آنها در شعر حافظ نباید نادیده گرفت. این سرنوشت هر مفهوم یا اصطلاح در جریان زمان و پس از برگرفته شدن از اصل خود است.

در زمان حافظ جای جای خاک فارس از "حشمت‌ها و آرزوهای برباد رفته" نشانه‌ها داشت و به یقین می‌توان گفت، "که اگر حافظ در شهری

---

[۱۶۰] دراین باره نگاه کنید به حصوری، منبع یادشده، ۱۳۱. حصوری با استناد به مشاهدات خود در شیراز شرح سودمندی را در این‌باره آورده است.

[۱۶۱] به نقل از حصوری، همانجا

غیر از شیراز و ایالتی غیر از فارس زندگی کرده بود، آن‌قدر در گذشته‌های دور غوطه‌ور نمی‌شد."[162]

سینه گو شعله‌ی آتشکده‌ی فارس بکش
دیده گو آب رخِ دجله‌ی بغداد ببر

در عصر حافظ و در شیراز بود که شاه ابواسحاق فرمان به ساختن ایوانی همچون ایوان کسری داد. در سفرنامه ابن بطوطه که در همان زمان از شهر شیراز دیدار کرده می‌خوانیم که "مردم آن شهر در اجرای فرمان به جنب‌وجوشی بزرگ برخاستند. هر یک از طبقات می‌کوشیدند که در این کار سهم بیشتری داشته باشند...زنبیل‌های بزرگ چرمین برای خاک‌برداری درست کردند و آن سبدها را با پارچه‌های ابریشمین زربفت بپوشانیدند... و برخی کلنگ از نقره درست کرده بودند و در محل کار شمع‌های فراوان می‌افروختند و هنگام حفاری و خاکبرداری بهترین جامه‌های خود را می‌پوشیدند و فوطه‌های حریر بر کمر می‌بستند و شاه ابواسق از جایگاه مخصوص خود عملیات مردم را تماشا می‌کرد... من خود این بنا را دیدم که در حدود سه ذرع از زمین بالا آمده بود... هر روز هزاران تن کارگر در این بنا مشغول بودند و مزد می‌گرفتند و من خود از فرماندار شهر شنیدم که قسمت اعظم در آمد شهر صرف مخارج این بنا

[162] اسلامی ندوشن، همان منبع، ۲۷۹

می‌شد."[۱۶۳] شیراز در زمان حافظ نه برهوتی از فرهنگ بود و نه تهی شده از یادهای گذشته‌ی ایرانی خود.

آگاهی از گذشته و هویت ایرانی را، هرچند در کسوت اسطوره، در متون تاریخی پس از حمله مغول نیز از جمله *جهانگشای جوینی* و *جامع التواریخ* رشیدی می‌توان یافت. این همان دورانی است که به گفته‌ی مولف *جهان‌گشا* "...زبان و خط ایغوری را فضل تمام تمام می‌شناختند و در نظام یاسای چنگیزی هر مزدوری و مزوّری وزیری و هر شیطانی نایب دیوانی و هر کون خری سر صدری می‌بود."[۱۶٤] با خواندن این توصیف می‌توان چشم‌اندازی کلی از زمانه‌ی "بی‌محل"، "عجب" و پرآشوبی را تصور کرد که بستره تاریخی شعر حافظ است. فارس و شیراز اگر نه همچون خراسان در معرض هجوم خونبار مغول و بعدها تیمور قرار نگرفت، اما از ادبار زمان فاصله میان این دو ایلغار مصون نماند. در برابر چنین زمانه‌ای است که حافظه زمانی آرزو شده را برمی‌نهد:

شهرِ یاران بود و خاک مهربانان این دیار
مهربانی کِی سر آمد شهریاران را چه شد؟
...

---

[۱۶۳] به نقل از اسلامی ندوشن، همان منبع، ۲۸۱ ـ ۲۸۰

[۱٦٤] به نقل از جواد طباطبایی، *زوال اندیشه‌ی سیاسی در ایران*، ۳۸۸

صدهزاران گل شکفت و بانگِ مرغی برنخاست

عندلیبان را چه پیش آمد هَزاران را چه شد؟

این ابیات و تمامی غزل دربرگیرنده‌ی این ابیات را تنها نمی‌توان از زبان استعاری و جناسات آن معنایابی کرد و در حد توصیفی از وضعیت تاریخی مشخصی در زندگی شاعر فروکاست. حافظ با قراردادن گذشته‌ای زوال یافته در برابر اکنونی نابسامان در اینجا نیز با سازوکای پنهان از باژگویی معنای سخن را به دایره‌ای بس فراخ تر از حد معنای یک رخداد یا وضعیت تاریخی مشخص تکرارناپذیر می‌برد. چنین است که می‌توان این بیت را در ادوار مختلفی از تاریخ ایران پس از حافظ نیز باز خواند چنانکه بسی کسان آن را خوانده‌اند و تصویری از عصر خود را در آن یافته اند. در بازی گذشته و اکنون، یاد و فراموشی، باژگویی حافظ را می‌توان بیانی از وجدان باژگون بخت ایرانی در تاریخ سرزمینش خواند.[۱۶۵]

در آخر سخن را خرد می‌کنیم و می‌گوییم باژگویی در شعر حافظ در هر لحظه معنایی را ورای معنای لفظ یا ورای یک واحد معناشناختی در پیش می‌نهد. چنین است که این شعر خواستار خوانشی مضاعف است. این معنای در پیش نهاده شده را در تاریخیت شعر اوست که باز

[۱۶۵] با نگاهی به مفهوم و شرح " وجدان نگون‌بخت ایرانی" از جواد طباطبایی که او خود آن را از هگل به وام گرفته است. نگاه کنید به *زوال اندیشه...* ۳۶۶

تابوتی از چوب سرو

می‌خوانیم، در یاداياد زبان شعر حافظ... بازگویی در شعر حافظ نه یک صناعت بلاغی که بلاغت یاد است...[166]

---

[166] با وام تعبیر "بلاغت یاد" rhetoric of memory از دریدا در این منبع:
Jacques Derrida, *Mémoires for Paul de Man*, trans. Trans. Cecile Lindsay. Jonathan Culler. Eduardo Cadava. and Peggy Kamuf (Columbia University Press, 1986) 57

۵

سخنی در پایان

شرح شکن زلف خم اندر جانان

کوته نتوان کرد که این قصه دراز است

آنچه درباره باژگویی (آیرونی) در شعر حافظ گفته شد همه آن چیزی نیست که می‌توان در این باره گفت. این قصه‌ای است دراز همچون قصه‌ی پر چین و شکن زلف یار... باب پژوهش درباره این موضوع همچنان گشوده است...

آنچه گفته شد خوانشی بلاغی از شعر حافظ نبوده است؛ چرا که، باژگویی تنها آرایه یا صناعتی بیانی در شعر حافظ نیست. آرایه‌ای در سخن است و چیزی افرون بر آن است. باژگویی یکی از سازمایه‌های گفتمان شعری حافظ است. حافظ‌پژوهان معاصر تا حدی به ویژگی‌ها و کارکردهایی از باژگویی در شعر حافظ نزدیک شده‌اند و آن را همچون بیانی دو پهلو، رازآمیز، معمایی، طنز آمیز و رندانه توصیف کرده و نمونه‌هایی از آن را در ابیاتی از حافظ به دست داده اند. تعابیری ازین گونه اگرچه ویژگی‌ها و کارکردهایی از باژگویی را توصیف می‌کند، اما بیانگر سازوکار خود باژگویی در شعر حافظ و کاربست حافظانه این صناعت نیستند. در آنچه گفته شد سعی براین بوده که در شعریت شعر

حافظ و باژگویی (آیرونی): حد جنون جهان کجاست؟

حافظ به باژگویی همچون آرایه‌ای در سخن پرداخته شود، و افزون بر آن و مهمتر اینکه، باژگویی آیرونی همچون چهارچوبی مفهومی با ملازمات ادبی و نظری آن در خوانش شاعرانگی گفتمان حافظ به کار گرفته شود. در این خوانش از شعر حافظ تنها به "رخساره‌ی عبارت" بسنده نشده، بلکه با ژرفش در متن آن سعی شده تا شبکه‌ی درهم پیچیده‌ی اشارات آن آشکار گردد. باژگویی سازوکار پیچیده‌ای است که بر پیچیدگی آن اشارات افزوده است. پیچشی مضاعف در سخن است، در استعارات و مجازات شعر حافظ تضاعفی از معناست.

با آنچه شرح داده شد آیا در حل " مشکل" شعر حافظ به سرانجامی رسیده‌ایم؟ چنین نیست و مشکل شعر حافظ نخست این است که نمی‌توان آن را آسان گرفت. همه‌ی آنچه را گفته شد باید منظری یا رویکردی از میان منظرهای دیگر و رویکردهای دیگر دانست. از منظر باژگویی‌شناسانه تعین‌ناپذیری "معنا" در شعر حافظ بیش از هر ویژگی دیگر آشکار می‌شود. ویژگی‌های دیگر همچون طنز و تسخر، خودفروکاهی، نقض و نفی در این بیان شاعرانه در ساز و کار باژگویی و درپوشیدگی اما در عین حال آشکارگی سخن است که شکل می‌گیرند: گفتن و هم زمان نگفتن...

سازوکار باژگویی شعر حافظ را در تاریخیت، یا به سخن دیگر، در بینامتنیت آن بازخواندیم. در این بینامتیت است که انگاره‌پردازی‌های شعر حافظ به صورت استعاره‌ها، مجازها و نمادهاها معنایی دیگر، معنایی باژگونه، می‌یابند. رمز و راز بیان حافظ از بینامتنیت آن در تداخل با متن‌های دیگر در بیانی باژگون معنایی "دیگر" می‌یابند. باژگویی

حافظانه، گفتن در عین ناگفتن را، نه فقط آرایشـی در کلام، که همچون سـازوکاری تعریف کردیم که ضـروریت‌هایی تاریخی (اجتماعی) آن را ایجاب می‌کرده اسـت. این ضـرورت‌ها از زمان حافظ تا زمانه ما چندان تغییری نکرده‌اند، سخت و ناشکن به صورت نهادهایی چند و هرچند با کارکردهایی متفاوت و متغیر، اما همچنان در کار خودانـد. بازگویی حافظانه حرکتی خلاف این ضـرورت‌ها و در پی بی اعتبارکردن آنها و بیانی از مقاومت دربرابر بوده آنهاسـت. بازگویی از این نظر "رندی" نیسـت، هرچند که رندی خود نیز فقط به معنای تسـلیم وغفلتی خوشباشانه نیست. ازینروست که خواننده فارسی زبان در طول دوران‌ها که بر دیوان گذشـته، و در حال حاضـر نیز، چهره خود را در شـعر حافظ می‌بیند.

در تاریخیت شعر حافظ یا همان بینامتیت شعر او "حافظه‌ای دوار"(به تعبیر رولان بارت) به کار می‌افتد تا زبان در قالب بازگویی خود را به یاد آورد و ما با خواندن شعر، با گوش سپردن به صدای شعر در این تجدید یاد شراکت می‌کنیم. در این به تعبیر حافظ "با یاد آوردن"، در کوران یادایاد زبان، این "روح ایرانی" است که از پس متن‌های دیگر همچون یک عطر، عطری از امتزاج باده و خاک، ناپیدا اما محسوس، از سخن حافظ شنیده می‌شود. بیان بازگوی حافظ بیانی شاعرانه از حساسیت‌های این روح یا به تعبیری "وجدان بازگون" ایرانی در زمان‌های بی‌ثبات، بی‌محل و به گفته حافظ "زمن"های "عجب" در درازای تاریخ است.

حافظ و باژگویی (آیرونی): حد جنون جهان کجاست؟

باژگویی (آیرونی) صناعتی کهنه است به کهنگی خود زبان... خوانش متنی شعری در چهارچوب مفهومی باژگویی با ملازمات نظری و ادبی این مفهوم نیز کاری بی‌پیشینه و بی‌رویه نیست. شاید گفته شود خوانش شعر حافظ در این چهارچوب آن هم با به کارگرفتن نظریه‌های ادبی معاصر (و برگرفته از غرب) به برداشت‌هایی زمان‌پریشانه (نازمانمند) از شعر حافظ می‌انجامد. در برابر این نگاه به اصطلاح " ادیبانه" می‌گوییم بر متن‌ها زمان می‌گذرد و لاجرم بر خوانش متن‌ها نیز. ما شعر حافظ را اکنون و در زمان خود می‌خوانیم نه در گذشته. ما نمی‌توانیم همچنان این شعر را مثلا با تفسیر سودی از آن بخوانیم یا با صرف رجوع به متون عرفانی یا دینی عصر شاعر به کشف مکنونات معنوی در پس الفاظ مادی آن بپردازیم. این کار را یکبار و برای همیشه می‌توان کرد، اما "معما"ی شعر حافظ همچنان ناگشوده خواهد ماند. شعر حافظ شعر است نه رمزنامه‌ای منظوم و هربار خواندن آن در زمان تجربه‌ای تازه است. این شعر روی به سوی خواننده دارد و خواننده آن اکنون ما هستیم و نه انسانی در قرن نهم یا دوازدهم در تقویم هجری قمری. هیچ تفسیری با رویکردی به گذشته نمی‌تواند ما را به اصل معنای شعر حافظ واصل کند. اگر شعر حافظ مقید در بستر تاریخی آن بود که فقط معاصرانش معنای آن را در می‌یافتند، اکنون و برای ما در بستره تاریخی دیگر متنی به کلی نامفهوم می‌بود. حافظ یکی از نزدیک‌ترین شاعران در ادب فارسی به ماست. تاریخیت شعر حافظ و نه تاریخی بودن همچنان با ما معاصر است. این هم هست که در خوانش‌ها و در زمان‌ها معنادهی کلمات به یکسان باقی نمی‌ماند. معنای مقدر و نخستین و یکه‌ای اگر

سخنی در پایان

گذشتگان برای شعر حافظ پیدا کرده باشند، به تعبیر هرش، همچون لنگه کفش کهنه‌ای است که دیگر اندازه پای سیندرلا نیست. آن سحر حلال شعر حافظ اکنون برای ما جادویی سکولار و این دنیایی است.

سخن حافظ همین است که اکنون هست و در دسترس ماست. نظمی پریشان به جا مانده در پی کتابسوزان‌ها، نهب و غارت‌ها، جوش موریانه‌ها در پستوی خانه‌ها و نیز پس از گذر از سینه‌ها به سینه‌ها... سخن بازگویانه حافظ بازنمای روح ایرانی یا وجدان واژگون بخت ایرانی است. بازنمایی از تناقض‌های نهان و آشکار یک آگاهی است و نیز رمزی از پایداری این آگاهی در آشوب جهانش ودر زمانی "بی‌محل" که در آن شکل گرفته است. قصه‌ی بازگویی حافظ را در اینجا با یادآوری سخنی از شلگل به پایان می‌بریم که بازگویی صورت تناقض(پارادکس) است و تناقض هرآن چیزی است که همزمان خوب و شکوهمند (بزرگ) است. بر این سخن شلگل می‌افزاییم که تناقض گاه نیز بیانی از زیبایی است و شعر حافظ آکنده از این زیبایی است.

گزیده‌ی منابع

گزیده‌ی منابع

آشوری، داریوش. *عرفان و رندی در شعر حافظ*، چ.سوم (تهران، نشر مرکز، ۱۳۸۱).

اردلانی، شمس‌الحاجیه: "جلوه‌های آیرونی در شعر حافظ"، (پژوهشنامه‌ی نقد ادبی وبلاغت، بهار و تابستان ۱۳۹۵).

استعلامی،محمد. *درس حافظ*، ج نخست (نشر سخن، ۱۳۸۲).

اسلامی ندوشن، محمد علی. *ماجرای پایان‌ناپذیر حافظ* (یزدان، چ دوم، ۱۳۷۴).

اکو، اومبرتو: " استعاره، فلسفه و زیباشناسی" ترجمه‌ی فرهاد ساسانی در *استعاره: مبنای تفکر و ابزار زیبایی آفرینی* (سوره مهر، ۱۳۸۲).

انوشه، حسن (ویر.). *فرهنگنامه ادبی فارسی* (تهران، انتشارات فرهنگ و ارشاد اسلامی، ۱۳۸۱).

براهنی،رضا. *بحران رهبری نقد ادبی و رساله حافظ* (ویراستار، ۱۳۷۵).

بهار، مهرداد: "درخت مقدس" در *الفبا* (به کوشش غلامحسین ساعدی، جلد اول، ۱۳۵۲).

بهرامیان، مسیح: "خطاپوشی" در *پیر ما گفت*، به کوشش سعید نیازی کرمانی (پاژنگ، ۱۳۷۵).

حاتمی، حافظ: "زاهد عالی مقام (صنعت تهکّم در شعر حافظ)" *فصلنامه پژوهشهای ادبی و بلاغی*، پاییز ۱۳۶۹).

حصوری، علی. *حافظ از نگاهی دیگر* (نشر چشمه، ۱۳۸۷).

خرمشاهی، بهاءالدین: " شرح یک بیت از حافظ" در *کتاب توس، مجموعه مقالات* (توس، ۱۳۶۲).

---------. *حافظ حافظه‌ی ماست* (نشر قطره، ۱۳۸۲).

داد، سیما. *فرهنگ اصطلاحات ادبی* (تهران، انتشارات مروارید، ۱۳۸۵).

دادبه، اصغر: "خطای قلم صنع در منطق شعر" در *پیر ما گفت*، به کوشش سعید نیازی کرمانی (پاژنگ، ۱۳۷۵).

دشتی، علی. *کاخ ابداع* (یغما، ۱۳۵۲).

ذاکری، احمد: "بررسی استعاره‌ی تهکّمیّه در غزلیات حافظ " *پژوهشنامه‌ی نقد ادبی و بلاغت*، پاییز و زمستان ۱۳۹۵) ۷۲ـ۶۱

زریاب خویی، عباس: "خطا برقلم صنع نرفت" در *پیر ما گفت*، به کوشش سعید نیازی کرمانی (پاژنگ، ۱۳۷۵).

زرین‌کوب، عبدالحسین. *از کوچه رندان* (انتشارات سخن، ۱۳۷۴).

گزیده‌ی منابع

ــــــــــــــــ : "حافظ و قلم صنع" در پیرماگفت، به کوشش سعید نیازی کرمانی (پاژنگ، ۱۳۷۵).

رحمانی‌فر، سیما و روح‌الله هادی: " نقد پژوهش‌های آیرونی‌شناسی: ناهمخوانی نمونه‌های فارسی اصلی آیرونی در بلاغت غربی" (فصلنامه علمی پژوهشی نقد ادبی، زمستان ۱۳۹۴).

شاملو، احمد، حافظ شیراز "مقدمه" (مروارید، ۱۴۰۰).

شایگان، داریوش. پنج اقلیم حضور (فرهنگ معاصر، ۱۳۹۳).

شرح سودی بر حافظ، ترجمه‌ی عصمت ستارزاده، ج دوم (نشر زرین و نگاه، چ پنجم، ۱۳۶۶).

شمیسا، سیروس. بیان (فردوس، ۱۳۷۰).

شمس تبریزی .مقالات. تصحیح و حواشی محمد علی موحد، چ چهارم (خوارزمی، ۱۳۹۱) ۲۲۴

صادقی، بهرام. سنگر و قمقمه‌های خالی، چ چهارم (زمان، ۲۵۳۶).

طباطبایی، جواد. درآمدی برتاریخ اندیشه‌ی سیاسی در ایران (کویر، ۱۳۸۵).

ـــــــــــــــ . زوال اندیشه‌ی سیاسی در ایران (کویر، ۱۳۸۳).

غنی، قاسم. تاریخ عصر حافظ (زوار، ۱۳۸۳).

فرشیدورد، خسرو. نقش آفرینی‌های حافظ (صفی‌علیشاه، ۱۳۷۵).

حبیبی، پریسا: " آتش و نمادپردازی در غزل حافظ" (نشریه ششمین همایش پژوهش‌های ادبی سال ۱۳۹۱).

محمد هادی بن محمد صالح مازندرانی. انوار البلاغه، به کوشش محمد علی غلامی‌نژاد (نشر قبله، ۱۳۷۶).

مرتضوی، منوچهر. مکتب حافظ: مقدمه بر حافظ‌شناسی (ستوده، ۱۳۸۲).

مسکوب، شاهرخ. درکوی دوست (خوارزمی، ۱۳۸۹).

ـــــــــــ. روزها در راه، ج. دوم (خاوران، ۲۰۱۱).

نفیسی، مجید. در جستجوی شادی: در نقد فرهنگ مرگ پرستی و مردسالاری در ایران (نشر باران، ۱۹۹۲).

نوروزنامه (منسوب به عمربن ابراهیم خیام نیشابوری) به کوشش علی حصوری (طهوری، چ دوم، ۱۳۵۷).

یثربی، یحیا: "ظرایف عرفان، مشکل اساسی شارحان دیوان حافظ " در مجموعه مقالات نخستین یاد روز حافظ، به کوشش کورش کمالی سروستانی (بنیاد فارس‌شناسی، ۱۳۷۷).

Barthes, Roland: "From Work to Text" in his *Image Music Text* (London: Fontana Press, 1977).

گزیده‌ی منابع

--------------------: *The Pleasure of the Text*, Richard Miller trans. (New York: Hilll & Wang, 1998).

Brooks, Cleanth: "Irony as a Principle of Structure" in *Literary Opinion in America*, 3d, Morton Dauwen Zabel ed. (New York, Harper & Row, 1962).

Colebrook, Claire *.Irony* (New York, Routledge, 2005)

Cuddon, J. A. *Dictionary of literary Terms and Literary Theory* (London: Penguin books, 1999).

Culler, Jonathan. *Flaubert: The uses of uncertainty* (Cornell University Press, 1974).

De Man, Paul. *Blindness & Insight* (London: Routledge, 1996).

--------------------: " The Concept of Irony" in *Aesthetic Ideology* (Minnesota University Press, 1996).

Derrida, Jacques. *Mémoires for Paul de Man*, Cecile Lindsay. Jonathan Culler. Eduardo Cadava. and Peggy Kamuf trans. (Columbia University Press, 1986).

Eliot, T. S. *Tradition and the Individual Talent, Selected Essays* (London: Faber, 19515).

Frye, Northrop. *Anatomy of Criticism: Four Essays* (London: Penguin, 1990).

Gadamer, Hans-Georg: "The Relevance of the Beautiful..." in *The Relevance of the Beautiful and other Essays*, Robert Bernasconi ed. and Nicholas Walker trans. (Cambridge University Press, 1986).

Graham, Allen. *Intertextuality* (London: Routledge, 200).

Hillis Miller, J. *Reading Narrative* (University of Oklahoma Press, 1998).

Hirch, E.D. *Validity of Interpretation* (Yale University Press, 1967).

Kierkegaard, Soren. *The Concept of Irony; with Continual Reference to Socrates.* Howard V. Hong and Edna H. Hong trans. (Princeton University Press, 1989).

Muecke, D. C. *The Compass of Irony* (London: Routledge, 2020).

Rorty, Richard. *Contingency, Irony, and Solidarity* (University of Cambridge Press,1989).

Schlegel, Friedrich. *Lucinde and the Fragments*, Peter Firchow trans. (University of Minnesota Press, 1971).

Strauss, Leo. *Persecution and the Art of Writing* (University of Chicago Press, 1988).

White, Hayden. *Metahistory* (John Hopkins University Press, 1973).

پیوست‌ها

گزیده‌ی واژگان (اصطلاحات)

آرایه (در سخن) figure ۲۸، ۱۰۳

آیرونی ـــــ باژگویی

اثر Oeuvre ۱۰٦

اسلیمی arabesque ۱۳۳، ۱۷۲

انگاره image ۲۳

انگاره‌پردازی imagery ۲۳

ایهام ambiguity ٤۱

بازتابی (انعکاسی) reflexive ۱۳۶

بازنمایی representation ٤٥

باژگو ironic (آیرونیک) ٥۷

باژگویانه (آیرونیک) ۱۱٤

باژگویی (آیرونی) Irony ۳، ٥، ۷، ۱٥، ۱٦، ۱۷، ۱۸، ۱۹، ۲٤، ۲٦، ۲۷، ۲۸، ۲۹، ۳۰، ۳۳، ۳٤، ۳٦، ۳۹، ٤۰، ٤۱، ٤۲، ٤۳، ٤٤، ٤٥..........

باژگویی تقدیر (سرنوشت، باژگون بختی) cosmic irony ۳۷

باژگویی تراژیک tragic irony ٤۹

باژگویی خودکاهانه radical irony ٥٥

باژگویی رمانتیک romantic irony ٥۸

باژگویی کلامی یا واژگانی verbal irony ۷۱

باژگویی وضعیت یا ساختاری structural irony ۳۷، ٥۷

بافتگان (کانتکست) context ۱۹

بند clause ٥٤

بند زبانی language-bound ۹۲

بی‌معنایی absurdity ۳۹

بینامتنیت intertextuality ۱۷۸

بینا ـ متن inter-text ۱۹٥

پاره‌ی سخن utterance ۹۳

حافظ و بازگویی (آیرونی): حد جنون جهان کجاست؟

پدیدار phenomenon ۱۲۳
پرورندان (سخن) articulate
۶۸

دگرگویی allegory (تمثیل)
۱۱۰
دورویی insincerity ۱۸۴
دیگریت otherness ۳۰، ۱۳۳،
۱۴۴، ۱۵۳، ۱۷۶

تاریخیت historicity ۲۱۱
تناقض (پارادکس) ۲۱۳
تنانگی corporeality ۱۰۴
توریه dissimulation ۸۲،
۱۹۰

ذهنیت (سوژگی)
subjectivity ۱۳، ۹۷، ۱۰۸،
۱۷۷، ۱۸۳

جزئی particular ۱۵۲
جمعی communal ۱۶۳

راه‌بست (آپوریا) aporia ۸۴
رخداد event ۱۵۱

حرکت jesture ۶۸

زبان ویژه idiom ۱۵۷، ۱۸۰
زمانمند temporal ۱۵۰
زمانیت temporality ۸۳،
۱۹۵
زنجیره (sequence) زنجیره
سخن ۹۰
زیر متن subtext ۵۷

خود-آفریده self-creating
۱۲۴
خود وانگرنده self-reflective
۳۹

درزمانی (محور) diachronic
۴۱، ۱۰۹
درنگش (اپوکه) epoche ۴۱
دگرگویانه (تمثیلی) ۱۱۰

ساختارگشایانه
deconstructive ۲۸

پیوست‌ها

صحبت‌گشایانه function
phatic (به مفهوم یاکوبسنی
اصطلاح) ۱۲۹

طنز satire ۳۷، ۳۹، ۴۰

فرادهش (سنت) ۱۶، ۱۷، ۲۶،
۳۴، ۴۰، ۱۵۲، ۱۶۱

فرانهش transposition ۱۵۴
فحوا significance ۹۲، ۹۳،
۱۱۵، ۱۲۱، ۱۲۸

قصوی fictional ۵۸، ۵۹

گزاردی (انجامگر)
performative ۵۴، ۱۵۲
گزارشی (خبری) constative
۱۵۲
گسل نحوی anacoluthon ۵۴
گفتاگویی dialogic ۵۴، ۱۵۴

مجاز trope ۱۸، ۲۸، ۳۶
محاکات (بازنمایی)
mimesis ۴۰، ۴۵

مداخله (پارابیسیس) parabasis
۵۸
مادینgfeminine ۱۷۳
مسبّک stylized ۱۷۲
مضمونی thematic ۱۳۳
معنا meaning ۹۲، ۱۱۵
مکانی local ۱۵۲

نارخداد nonevent ۱۵۱، ۱۹۰
نامش (از مصدر نامیدن) ۲۶،
۱۱۵
نقیضه parody ۱۲۳، ۱۷۵،
۱۹۹

هستیانه existential ۳۸، ۴۴،
۱۳۷
همخوان باخود self
(identical) ۳۰
همزمانی (محور) synchronic
۴۱، ۱۰۹
هم‌نشینی(محور) diachronic
۱۶۰

۲۲۷

حافظ و بازگویی (آیرونی): حد جنون جهان کجاست؟

واژگونی بخت، واژگون بختی
peripetie ۳۱

یادایاد ۱۹۵، ۲۰۵، ۲۱۱

نمایه‌ی نام‌ها

آ

آشوری، داریوش ۲٤، ۵۴، ۷۰، ۱۰٦، ۱۲۲، ۱۷۷، ۱۷۸، ۱۷۹، ۱۸۰، ۱۸۲، ۱۸۳، ۱۸۷، ۱۸۸، ۱۹۸، ۲۰۰، ۲۰۰، ۲۱٦

آگوستین ۸٤

ا

اردلانی، شمس‌الحاجیه ۳۵، ۲۱۷

ارسطو ۳۱، ۳۵، ۳٦، ۱٤۹

استعلامی، محمد ۷۷، ۱٤۹، ۱۵۹، ۱۸۵، ۲۱۷

اسلامی ندوشن، محمد علی ۹۵، ۱۲٤، ۱٤۹، ۱٦۷، ۱۷۵، ۱۹٦، ۲۰۰، ۲۰۲، ۲۰۳، ۲۱۷

اشتراوس، لئو ۱۹۰

افلاطون ۳۱، ۹٤، ۱۰۸

الیوت، تی. اس. ۵۰، ۵۱، ۱۳۳، ۱٤۹، ۱۵۰، ۱۵۲

اکو، امبرتو ۱۵۳

امیر مبارزالدین محمد ۹۸، ۱۸۹

انوشه، حسن ۲۷، ۲۱۷

ب

باختین، میخاییل ۱۵۳، ۱۵٤، ۱۵۵

بارت، رولان ۱۵۳، ۱۵۸، ۲۱۱

براهنی، رضا ۱۰، ۱۰۵، ۱۱۳، ۱۱٦، ۱۱۹، ۱۲۸، ۱۲۹، ۱۳۰، ۱٤٦، ۱٤۷، ۱٤۸، ۱٦٦، ۲۱۷

بروکس، کلینت ۱۷۳، ۱۷٤

بهار، مهرداد ۱٦۷، ۱۷۲

بهرامیان، مسیح ۸۸، ۲۱۸

بورخس، خورخه لوییس ۳۵، ۵۰

بیدل دهلوی ۱۰، ۷۰، ۱۱۱

پ

پرهام، باقر ۳۸، ٦٤

ج

جلال‌الدین دوانی ۸۵

ح

حاتمی، حافظ ۳۵، ۲۱۸

حبیبی، پریسا ۱٦۷، ۲۲۰

حصوری، علی ٦۵، ۱۲۲، ۱۲۳، ۱٤۸، ۱٦۸، ۱۷۱، ۲۰۱، ۲۱۸، ۲۲۰

حافظ و بازگویی (آیرونی): حد جنون جهان کجاست؟

خ
خرمشاهی، بها الدین ۷۷، ۷۸، ۷۹، ۸۵، ۸۶، ۹۵، ۲۱۸
خیام ۹۸، ۱۷۰، ۱۷۱، ۱۹۹، ۲۲۰

د
داد، سیما ۲۷، ۳۸، ۲۱۸
دادبه، اصغر ۸۹، ۲۱۸
دریدا، ژاک ۲۰۵
دشتی، علی ۹۷، ۲۱۸
دمان، پل ، ۲۷، ۲۸، ۷۰، ۸۳، ۱۳۳، ۱۱۳۷

ر
رورتی، ریچارد ۲۷
رویایی یداله ۱۰، ۵۳، ۱۰۹، ۱۱۰

ز
زولگر (سولژر) ، کارل ۳۳

س
سعدی ۲۴، ۳۵، ۶۶، ۱۶۰، ۱۶۱، ۱۷۴، ۱۹۸
سقراط ۳۱، ۳۷، ۱۰۳
سودی ۷۷، ۷۸، ۱۵۹، ۱۸۵، ۲۱۲، ۲۱۹

سوسور، فردیناند ۴۷، ۹۳
سیسرون ۳۲

ش
شاملو، احمد ۱۳، ۳۵، ۱۳۵، ۱۳۶، ۲۱۹
شاه شجاع ۴۴، ۱۵۲، ۱۸۸
شایگان، داریوش ۴۷، ۱۲۰، ۱۲۱، ۱۲۲، ۱۲۹، ۱۳۲، ۲۱۹
شلگل، فردریک ۲۸، ۳۳، ۳۴، ۳۹، ۵۸، ۱۰۷، ۱۲۰، ۱۲۳، ۱۲۴، ۱۳۱، ۱۳۳، ۱۵۳، ۲۱۳
شمس تبریزی ۱۷، ۹۳، ۲۱۹
شمیسا، سیروس ۳۸، ۴۳، ۲۱۹
شیخ ابواسحاق ۱۸۹، ۲۰۲

ص
صادقی، بهرام ۵۶، ۵۸، ۲۱۹

ط
طباطبایی، جواد ۱۰۷، ۱۲۰، ۱۸۲، ۱۹۳، ۲۰۰، ۲۰۳، ۲۰۴، ۲۱۹

ع
زریاب خویی، عباس ۸۰، ۲۱۸
زرین‌کوب، عبدالحسین ۸۰، ۲۱۸

پیوست‌ها

غ
غنی، قاسم ۹۸، ۱۸۹، ۲۱۲

ف
فرخ‌زاد، فروغ ۵۲
فرشیدورد، خسرو ۹۲، ۲۲۰
فلوبر، گوستاو ۱۱۳، ۱۹۰
فوکو، میشل ۱۹۱

ک
کریستوا، ژولیا ۱۵۳، ۱۵۴
کویین تیلین ۲۹، ۳۲، ۵۶
کی‌یرکگورد، سورن ۳۱، ۳۳، ۳۴، ۳۸، ۱۲۰، ۱۲۴

گ
گلشیری، هوشنگ ۵۶، ۱۶۳

ل
لوکاچ، گئورگ ۴۰

م
محمد هادی بن محمد صالح مازندرانی ۴۲، ۲۲۰
مرتضوی، منوچهر ۷۹، ۹۸، ۱۱۷، ۱۱۹، ۲۲۰

مسکوب، شاهرخ ۵۵، ۱۰۶، ۱۰۷، ۱۰۸، ۱۱۱، ۱۲۴، ۱۲۵، ۱۲۶، ۱۳۷، ۱۳۸، ۱۴۴، ۱۵۰، ۱۵۲، ۱۷۵، ۱۸۸، ۱۹۵، ۱۹۸، ۲۰۰، ۲۲۰
مطهری، مرتضی ۸۶
مظفری، علی رضا ۱۷۳

ن
نفیسی، مجید ۱۷۶، ۲۲۰

و
ویتگنشتاین، لودویگ ۱۰۸

ه
هرش، اریک دونالد ۹۲، ۹۳، ۱۱۵، ۲۱۳
هگل، گ.و.ف ۳۳، ۲۰۴

ی
یثربی، یحیی ۱۱۷، ۲۲۰

بیوگرافی

رضا فرخ‌فال کار ادبی خود را با انتشار داستان‌هایش **در جُنگ اصفهان** در اواخر دهه چهل آغاز کرد. از آن زمان تاکنون از او داستان‌ها و نوشته‌هایی در نقد ادب و فرهنگ فارسی و نیز ترجمه‌های متعددی منتشر شده است. مجموعه داستان‌های او به‌نام **آه، استانبول** از سوی منتقدان و صاحب‌نظران یکی از بهترین نمونه‌های آثار داستانی دهه شصت شناخته شده است. کتاب **زنی آرایش روزگار (در احوالات شعری طاهره قرة العین)** تازه‌ترین کتاب پیش از کتاب حاضر از این نویسنده است. او همچنین به‌عنوان ویراستار با بنگاه‌های معتبر انتشاراتی همکاری داشته و به همراه زنده‌یاد کریم امامی از پایه‌گذاران نخستین انجمن ویراستاران در ایران بوده است. رضا فرخ‌فال دانش‌آموخته‌ی دانشگاه پهلوی (شیراز) و دانشگاه کنکوردیا (مونترآل) است. رضا فرخ‌فال همچنین به تدریس زبان فارسی در دانشگاه‌های مک‌گیل (مونترآل) و در آمریکا در دانشگاه ایالتی ویسکانسن در شهر مدیسون و نیز دانشگاه ایالتی کلرادو در شهر بولدر اشتغال داشته است. دو دوره کتاب در آموزش زبان فارسی در سطح دانشگاهی به نام **فارسی: اینجا و اکنون** از تالیفات اوست که در چند دانشگاه معتبر آمریکا تدریس می‌شود.

از همین نویسنده و درباره حافظ: **قصه‌ی گیسوی یار (شرحی بر بوطیقای قصه در آن "بیت معروف" حافظ)**

انتشارات آسمانا (تورنتو) منتشر کرده است:

پژوهش‌های علمی و دانشگاهی

- زنان کُرد در بطن تضاد تاریخی فمینیسم و ناسیونالیسم، تالیف شهرزاد مجاب (استاد دانشگاه تورنتو)، ۲۰۲۳
- شورش دهقانان مکریان ۱۳۳۲ ـ ۱۳۳۱: اسناد کنسولگری، مکاتبات دیپلماتیک و گزارش روزنامه‌ها، پژوهش امیر حسن‌پور (استاد فقید دانشگاه تورنتو)، ۲۰۲۲

تصحیح انتقادی

- رستم در قرن بیست‌ودوم (تصحیح انتقادی و مصور)، تالیف عبدالحسین صنعتی‌زاده (ویرایش م. گنجوی و م.منصوری)، ۲۰۱۷

شعر

- عجایب یاد، شعر از امیر حکیمی، ۲۰۲۳
- کهکشان خاطره‌ای از غروب خورشید ندارد، شعر از مهدی گنجوی، ۲۰۲۳
- غریبه‌هایی که در من زندگی می‌کنند، شعر از مهدی گنجوی، ۲۰۲۱
- تبعیدی راکی، شعر از علی فتح‌اللهی، ۲۰۱۸

داستان

- انتظار خواب از یک آدم نامعقول، مجموعه داستان از مهدی گنجوی

برای ارتباط با نشر آسمانا:

Asemanabooks@gmail.com

Hafez and Irony:
Where is the limit of the world's madness?

Reza Farokhfal

Asemana Books
2024

---------------------------------Asemana Books---------------------------------